C000242329

Vérité !

enseignement divin, Volume 1

Eric Dac

Published by Eric Dac, 2022.

While every precaution has been taken in the preparation of this book, the publisher assumes no responsibility for errors or omissions, or for damages resulting from the use of the information contained herein.

VÉRITÉ !

First edition. March 21, 2022.

Copyright © 2022 Eric Dac.

ISBN: 979-8201470401

Written by Eric Dac.

Also by Eric Dac

enseignement divin
Vérité !
Frères de Lumière
Contact Divin

Ce livre s'adresse à tous ceux qui aspirent à un message sincère

A tous les chercheurs qui, usés de courir de Guides en Maîtres, de lectures en séminaires, cherchent à présent le chemin qui saura réellement combler leurs aspirations.

« Vérité ! » relève le défi de leur tracer la voie.

Remerciements

Je tiens tout particulièrement à remercier : Mes parents pour leur soutien moral,

Ma sœur pour sa participation à l'élaboration de ce volume,

Mon amie pour sa sagesse,

Les guides qui m'ont accompagné dans mes premiers pas, et vous, chercheurs de la Vérité, de Lumière et d'Amour Divin.

Éric Dac

Préface

Cet ouvrage s'adresse à tous ceux, érudits ou non, qui sont en quête d'évolution spirituelle, mais qui ne dédaignent cependant pas la quiétude matérielle dans leur vie présente.

C'est du jamais vu dans l'histoire de l'humanité !

Ce livre vous indique l'existence d'une véritable voie expresse à destination de la réalisation personnelle et collective.

Ce livre dévoile l'initiation qui s'est transmise oralement, de guides en disciples, depuis la nuit des temps.

Car c'est un enseignement secret que je me propose de vous livrer de façon simple, afin de faciliter son assimilation et sa pratique ultérieure.

Elle vous conduira à l'Illumination, qui reste en dernier ressort le seul objectif que recherche, consciemment ou non, tout être humain.

Je peux vous l'assurer, cette voie représente, pour le débutant comme pour le chercheur chevronné, un gain de temps précieux et l'épanouissement à court terme de son être.

Tout cela, évidement, dans la lumière de Dieu !

Je n'ai pas l'intention, dans ce livre, de compliquer mon propos par des effets de style alambiqués. Le chercheur, déjà fatigué par ses multiples périples et tribulations, est lassé de ces prétentions qui trop souvent émaillent les divers enseignements qu'il a consultés.

Je vous invite donc, sans préambule, à emprunter l'autoroute à destination de la Lumière, jusqu'à son terme.

OUI, cette voie rapide existe !

Mais elle a été tellement tronçonnée, pour servir telle ou telle cause particulière, que l'on finit par s'y perdre

! En tout état de cause, aucun de ces tronçons ne permet, à lui seul, d'arriver à bon port.

Ainsi, les diverses religions qui se sont battues et continuent de se battre pour et au nom du même Dieu ne cessent d'affirmer que la voie qu'elles proposent est la meilleure, sinon la seule.

Par ailleurs, croyants et athées se querellent sans cesse. Les premiers se réclamant de ce qu'ils nomment

« la spiritualité », les seconds fondant au contraire l'essence de toute vie sur la seule matière.

Portant ces derniers, bien souvent, quand vient à frapper la mort ou la maladie d'un être aimé, se surprennent à prier ce Dieu qu'ils ont tant combattu.

L'un des arguments principaux de ce combat peut être résumé par cette phrase : « Si Dieu existait, il n'y aurait pas de guerres, de maladies, et autres...

».

C'est un argument fallacieux, car les malades, les guerres et autres calamités, n'ont d'autre origine que la division des êtres humains, et leur soif de pouvoir. Et c'est suffisant pour chasser la divinité de ce monde.

Elle ne saurait dès lors être tenue pour responsable des conséquences nocives des actions humaines.

En nous laissant notre libre arbitre, la divinité nous met également face à nos responsabilités.

Trop souvent, la recherche du bonheur ou de la vérité s'opère à l'extérieur de soi-même. Il s'ensuit le sacrifice de ce que l'on est véritablement au profit de l'illusion mondaine et de la soif d'acquisitions diverses. Mais une télévision, ne voiture, etc., n'ont jamais permis à quiconque d'éprouver le véritable bonheur. Ainsi, en privilégiant plus qu'il ne convient la satisfaction des désirs éphémères, on se retrouve très vite insatisfait de ce que l'on possède ; d'autant plus aujourd'hui, car le monde et la technologie évoluent à ne vitesse exponentielle. Nous sommes entrés dans l'ère du « jetable », du « à consommer tout de suite ».

A peine acquis, l'objet des désirs est « dépassé ». Dans ce contexte, il est difficile d'être heureux en s'en tenant aux seules joies, bien légitimes cependant, de la consommation.

Cette attitude a une raison d'être : à rechercher trop loin, on finit par ignorer ce qui est près de nous.

Car le bonheur est là, en nous...

C'est le seul endroit où il faut le chercher. Quelques soient les moyens mis en œuvre pour y accéder : la relaxation, le yoga, ou autres pratiques immémoriales, qui restent cependant d'actualité, plus encore sans doute aujourd'hui qu'elles ne l'ont jamais été.

Tous les chemins sont bons pour se réaliser. Certains sont plus tortueux que d'autres, mais ils conduisent tous au même point.

Toutefois, s'il existe en ce domaine des sentiers escarpés, on peut également emprunter les routes qui le parcourent. C'est plus facile et plus rapide.

En ésotérisme on appelle ces routes : **l'initiation.**

Et plus adaptées encore pour les personnes pressées, découvrez dans ce livre les autoroutes de Lumière. Ces autoroutes, ce sont les mantras.

Les véritables mantras sont peu connus, car très puissants. Pour cette raison, ils sont le plus souvent tenus secrets.

Pourtant c'est ce que vous cherchez.

Alors, avant de vous en faire don, je vais vous expliquer, de la façon la plus simple qui soit, leur fonctionnement, et comment ils agissent sur l'être humain.

Pour cela, je vous ramène à des notions de base. L'être humain, contrairement aux apparences, ne possède pas un seul corps.

En fait il en possède sept :

Un corps physique,

Et six corps subtils qui sont à l'intérieur de ce dernier. Pensez à des poupées russes.

Il y a donc le corps physique, le corps astral, le corps éthérique, le corps bouddhique, le corps atmique, le corps christique et le corps divin, en plus de l'enveloppe matérielle que l'on peut voir avec ses seuls yeux.

Tout de suite, une remarque importante : il ne faut pas confondre aura et corps subtils.

L'aura est à l'extérieur du corps. C'est un halo de lumière qui enveloppe le cops physique. C'est le reflet de notre être.

L'aura n'est rien d'autre que l'oxygène arraché au sang. Cet oxygène libère alors beaucoup d'énergie de nature électromagnétique, sous trois aspects.

1. Le premier se manifeste sous forme d'émissions de chaleur.
2. Le second par des frémissements de lumière.
3. Et le dernier, enfin, par des vibrations de fréquences très élevées.

L'aura se subdivise en cinq parties, que l'on peut reconnaître à leur degré d'éloignement du corps :

● L'aura éthérique se situe entre 1 et 3 centimètres du corps ; elle couvre la gamme des couleurs suivantes : bleuté à gris foncé.

● L'aura atmique, c'est l'aura de l'activité intellectuelle ; éloignée du corps de 1 mètre 80 à 2 mètres, elle varie de la couleur blanche à la jaune.

- L'aura bouddhique ou aura du Karma est empreinte des tendances et des acquis. Elle est à 2 ou 3 mètres du corps physique. Sa forme est celle d'un trapèze.

- L'aura divine entoure le corps de ceux qui ont atteint des états de conscience bouddhique. Elle est blanche et or.

Toutes ces auras sont ancrées au sol. Ce qui vous démontre bien que, vous comme moi, sommes reliés à la terre d'une façon profonde.

Cependant, il existe une autre raison de cet état de fait.

Tout humain quel qu'il soit, possède un enracinement aux quatre éléments, qui lui permet de vivre sur le plan matériel et de s'ouvrir à la vie sociale. Plus ces auras auront un contact étroit avec la terre, et plus l'évolution matérielle et l'évolution spirituelle seront en harmonie.

Une personne possédant donc de petites radicelles auriques, mal consolidées, rencontrera des problèmes de cet ordre : perte de travail, difficulté à en retrouver un, complications financières et autres.

Un bon enracinement de l'aura est donc primordial pour contribuer à votre évolution harmonieuse.

Les racines partent du chakra MULADARA (voir plus loin) et s'enfoncent dans le sol. Elles sont visibles sur l'aura. Deux autres racines partent de la voûte plantaire. Plus longues, elles dynamisent le corps physique à travers les quatre éléments : la Terre, l'Air, l'Eau et le Feu, qui sont les constituants de base de la planète. Ce qui explique pourquoi l'on divise le ciel astrologique en quatre secteurs, respectivement

:

TERRE	AIR	Eau	Feu
Taureau	Gemeaux	Cancer	Bélier
Vierge	Balance	Scorpion	Lion
Capricorne	Verseau	Poisson	Sagittaire

Il est donc nécessaire de bien garder les pieds sur terre, si l'on veut s'élever spirituellement.

C'est nécessaire si votre ambition est de devenir un illuminé, et non un halluciné.

Revenons au chakra MULADARA, plus communément appelé chakra de la racine. Il se situe dans l'os du sacrum, et c'est le réservoir de La Divine Kundalini. Cette dernière relie les reins à l'élément

Terre au sein de l'homme. MULADARA correspond à la rate, il est de couleur rouge.

Au-dessus se trouve SWADISTHANA, de couleur orange. Il correspond à l'élément Eau, au corps éthérique et aux organes génitaux de l'homme. Il est le siège de l'inconscient et des manifestations animales.

Ensuite, nous trouvons le chakra MANIPURA, de couleur jaune. C'est le Feu de l'homme, et il correspond au corps astral, au foie et à l'estomac. En outre, il est le centre énergétique qui permet la sortie du corps physique (dédoublement astral).

Le chakra HANAHATA est quant à lui en relation avec l'élément Air. Sa couleur symbolique est le vert. Il correspond à la glande thymus. Il génère l'amour universel et la sagesse.

VIHUDDHA, de couleur bleue, représente l'élément Feu dans l'homme. Il correspond à la glande thyroïde, à la respiration ainsi qu'à la créativité par l'intellect et le verbe.

Le chakra AJNA, de couleur indigo, se rapporte à la glande hypophyse et à l'esprit de l'homme, au son intérieur, à la clairvoyance et à l'intuition.

Le chakra SAHASRARA, de couleur violette, correspond à la fontanelle, à l'épiphyse, à la volonté et à la spiritualité.

Les énergies pénètrent par SAHASRARA qui se situe dans le crâne et descendent jusqu'à MULADARA, en traversant tous les autres chakras.

Ce qu'il faut savoir, c'est que ces chakras sont gérés par « la loi des étages ». Par exemple : si NIPRA ne fonctionne pas, les centres situés aux « étages en dessous » (SWADISTHANA -

MULADARA) se

trouveront en dysfonctionnement.

Les énergies circulant à travers les centres énergétiques alimentent les glandes du système endocrinien auxquelles elles correspondent directement. Mais elles cessent de les alimenter si ce centre énergétique est fermé.

Ainsi, La glande endocrine correspondante ne sera plus fonctionnelle, et il s'en suivra alors une réaction physique (maladie) ou psychologique.

En fait, l'homme, comme tout ce qui l'entoure, n'est rien d'autre qu'un assemblage énergétique. La matière est la concrétisation de cette imbrication, dont la durée relative est variable.

A ce propos, je vous rappelle que le temps, comme toutes les mesures, n'a de réalité que s'il existe une conscience pour le percevoir.

Mais alors, l'ésotérisme, la magie, et toutes les autres disciplines dites « occultes », ne manipuleraient-ils pas, eux aussi, des forces énergétiques ?

La réponse à cette question est **oui**.

Ces forces sont insaisissables et l'on ne peut les appréhender sans l'aide de certaines de nos mesures ou de nos concepts, tel que le temps par exemple.

Cependant, elles sont omniprésentes dans nos existences et nous permettent de vivre, de créer, de voir et toucher ce que nous appelons le monde réel.

De fait, la réalité est subordonnée à notre compréhension et à notre aptitude à concevoir ce qui est : cette faculté de cognition est ce qu'on appelle plus couramment l'entendement.

Votre but sera donc d'élargir cet entendement, afin de percevoir l'évolution spirituelle.

Un exemple simple de cet élargissement de l'entendement : je vous ai parlé précédemment des auras. Sachez que c'est à la portée de chacun de les voir, et que ce n'est pas réservé à un groupe particulier de mystiques qui, pour cette raison, se parent du titre de Maître, de Guides ou de Mage.

Vous doutez de pouvoir, vous aussi, voir les auras

? Ne doutez plus. Faites cette expérience très simple, elle vous convaincra.

▪ Prenez une bougie, allumez-la et plongez la pièce dans laquelle vous vous trouvez dans l'obscurité.

▪ **Éloignez-vous ensuite de deux ou trois mètres de la bougie.**

▪ **Regardez maintenant derrière la flamme, tout en gardant celle-ci dans votre champ de vision. Vous allez alors voir apparaître au bout de quelques instants des halos de lumière multicolores. Ce sont les auras !**

Surtout, lorsque vous ferez cette expérience, ne la prolongez pas plus de cinq à six minutes par jour, afin de ménager vos yeux. Evitez de surcroît les idées préconçues, et ne dépensez pas trop d'efforts de concentration pour voir à tout prix les auras. Au contraire, plus vous serez détendu, mieux vous les verrez !

Lorsque vous aurez vu ne serait-ce qu'une fois une aura, vous pourrez par la suite la percevoir régulièrement et cette perception ne pourra alors que se développer. C'est en quelque sorte comme le vélo : lorsque l'on sait en faire, on peut rester dix ans sans pratiquer, sans pour autant perdre le bénéfice de cet acquis.

Acquérir la vision des auras est d'une importance capitale pour votre évolution spirituelle.

Je vais maintenant vous communiquer d'autres techniques pour y parvenir.

Surtout faites en l'apprentissage <u>dans l'ordre que je vous indique !</u>

La seconde méthode se travaille à deux.

• Placez un fond noir, de préférence un tissu en coton, sur un mur situé à contre-jour.

• Installez devant ce fond votre partenaire, de façon à ce qu'il soit face à vous, et reculez ensuite de quatre ou cinq mètres.

• Observez maintenant à la dérobée le haut du visage de cette personne comme si cette dernière n'existait pas, tout en la conservant dans votre champ de vision.

Au bout de quelques secondes, vous verrez apparaître un halo de lumière bleu grisâtre à quatre ou

cinq centimètres du corps. C'est la première aura, la plus facile à percevoir. Mais par la suite, et avec un peu d'entraînement, vous verrez les autres, n'ayez à ce propos aucune inquiétude ! Je dois vous préciser à cet effet qu'il est plus facile d'appréhender du regard l'ensemble des auras en se tenant à une distance relativement éloignée du sujet de votre observation, soit sept à huit mètres.

La troisième technique concerne ceux d'entre vous qui auraient quelques « difficultés de vue ». Pour cet exercice il faut être deux ou plus.

• Faites asseoir votre partenaire sur une chaise, à trois ou quatre mètres de vous.

- **Fixez cette personne du regard et dévisagez-la complètement.**

- **Lorsque vous avez terminé, fermez les yeux et visualisez le sujet dans votre esprit.**

- **Maintenant, vous vous voyez vous lever et vous approcher du sujet. A chaque pas fait dans sa direction, sa silhouette s'assombrit et un halo lumineux l'enveloppe. Continuez ! Avancez jusqu'à ce que la silhouette soit devenue totalement**

noire et alors, vous verrez tout autour d'elle les auras apparaître simultanément.

Ce troisième exercice vous apprendra à « voir », sans avoir paradoxalement besoin de regarder avec vos organes physiques.

Le processus de vision qui opère ici se fait par l'intermédiaire de la glande pinéale, appelée plus communément troisième œil. Elle va impré

Surtout, prenez le temps de travailler vos exercices et n'oubliez pas qu'à tout effort correspond un contre effort. C'est une loi universelle. Cependant, je vous le rappelle, dix minutes de travail chaque jour sont préférables à trois heures d'effort épisodiques.

Vous constaterez ensuite que les auras sont de différentes couleurs, qui peuvent êtres affectés par des ondulations, des striures, des teintes sombres, situées au niveau du visage etc. Ces altérations indiquent un état de stress, des troubles physiologiques, ou bien encore certaines barrières mentales ou émotionnelles.

Un exemple : des « chaussettes grises » (c'est ainsi que cela vous apparaîtra) au niveau des tibias sur une aura vous indiquent fortement ne présomption de cancer. N'en déduisez pas pour autant que le cas est désespéré !

Avec l'habitude, vous pourrez « lire » sur les auras les différents problèmes de santé (physiques, psychologiques, émotionnels) du sujet, ainsi que son élévation spirituelle.

Les énergies, comme les maladies, se situent dans l'aura la plus éloignée du corps physique, avant de traverser toutes les autres pour parvenir jusqu'à lui. Ce mouvement, commandé par le cerveau, a une raison simple à comprendre. Notre subconscient enregistre tout ce que l'on admet consciemment comme étant réel, et surtout tout ce que l'on redoute. Il puise dans toutes les données qu'il possède pour s'efforcer de le réaliser. Le meilleur exemple en est la maladie.

Actuellement, plus de quatre-vingt pour cent des maladies sont créées par notre cerveau. Ce sont les maladies psychosomatiques. Les symptômes sont divers et variés : aigreurs d'estomac, coliques, maux de crâne, nausées, etc. Ils témoignent du dé

Elle soigne les effets, mais pas la cause. La guérison n'est possible que si la situation qui perturbe le malade évolue ou si ce dernier prend conscience des causes de ses maux. Le manque d'amour, le désir d'attirer sur soi l'attention, en est une fréquente. Pour se mettre en valeur auprès de son entourage, inconsciemment, la personne va se créer une maladie, car il est vrai qu'il est difficile de faire une distinction fiable entre une crise d'un organe réellement malade et celle provoquée par la force du psychisme. Très souvent, les crises psychiques provoquent d'authentiques symptômes physiques. Il est donc important, dans ce cas, d'amener la personne malade à parler, c'est-à-dire à mettre en mots ses contrariétés. Pour y arriver, il faudra l'aimer et prendre surtout le temps de l'écouter.

Il existe aussi d'autres causes des maladies psychosomatiques : l'absorption de produits qui créent une dépendance physique ou psychologique, tels que le tabac ou l'alcool, certains médicaments, certaines drogues ou autres... La médecine classique soigne dans ces cas l'accoutumance du sujet face à ces produits et cherche à l'aider à se comprendre, souvent avec l'appui d'un psychologue. Les résultats sont stupéfiants, mais malheureusement, dans soixante-dix pour cent des cas, le patient, lorsqu'il est de nouveau plongé dans son contexte, retombe très vite dans sa dépendance. Ce n'est pas de sa faute et je vous l'explique, car il important que vous compreniez bien ce mécanisme.

Par exemple, une personne qui commence à fumer prétend pouvoir s'arrêter très facilement. Mais cette interruption sera souvent momentanée. Dans six mois, un an, dix ans, la personne sera tentée de recommencer pour une raison ou une autre.

L'explication en est simple : quand on abuse des substances négatives, plus ou moins rapidement suivant le rythme d'absorption, il se forme dans un délai variant de trois à six mois, un « œuf » dans l'astral, c'est-à-dire le plan énergétique correspondant aux émotions. Cet « œuf », donc, au fur et à mesure que les mois passent, grossit pour devenir au bout d'un certain temps une larve. Cette larve au même titre que vous, a besoin de se nourrir. Comme elle ne vit qu'à travers et grâce à vous, elle vous incite très vite à augmenter votre consommation quotidienne pour s'alimenter et poursuivre sa croissance. Ce qui vous fait passer très vite de deux, rois cigarettes par jour, à un paquet puis deux. Le jour où vous vous arrêtez, c'est cette même larve qui vous pousse du mieux qu'elle le peut à recommencer. Il faut approximativement de trois à huit mois de sevrage total pour qu'elle meure. Mais ce n'est pas si simple, il existe un autre facteur qui va tenter de faire obstacle à votre décision.

Cet autre facteur, dont très souvent vous ne prendrez pas conscience, c'est l'ensemble des formes de pensées négatives à votre égard !

Eh oui, quand vous affirmez à dix individus que vous avez cessé de fumer, vous pouvez être sûr qu'il y en a neuf qui vous encourageront du verbe. Cependant, au plus profond d'eux-mêmes, ils sont persuadés qu'ils vous feront changer d'idée, très souvent parce qu'il leur est difficile d'admettre que vous fassiez preuve de volonté, quand ils en sont totalement dépourvus. Et voilà autant de « formes pensées » négatives qui vont également provoquer des complications sans nombre et saper votre force volitive.

Ce qui est valable pour le tabac, etc., l'est également pour toutes nos autres mauvaises habitudes.

Le seul remède, dans tous les cas, c'est de s'élever spirituellement.

Pour cela, il vous faut impérativement prendre conscience que toutes les théories portant sur ce sujet, tant écrites qu'orales, ne font que nourrir le mental périssable et non l'esprit éternel. Car l'esprit humain s'alimente de lumière, d'amour et d'émotions puisés dans les propres expériences de chacun.

C'est pour cette raison que vous devez absolument prendre

le temps de vivre toutes celles que je vous livre dans le présent ouvrage ! Me lire, c'est bien, mais il ne faut pas me croire uniquement sur parole.

Construisez à votre rythme, et à partir de chaque exercice, votre propre vérité. On vous abuse continuellement assez comme cela.

Et pour améliorer votre quotidien, quoi de meilleur que de faire de vraies offrandes magiques ? C'est à cette démarche que je vais maintenant vous initier. Pour cela, prenez des bougies ordinaires.

Les bougies fantaisies ou parfumées sont à bannir. En revanche, il n'est pas interdit d'offrir des bougies de couleur dont je vous précise ci-après la signification symbolique.

Le jaune et l'or Dieu Principe neutre

Le bleu et le rose Divine Mère Principe féminin

Le rouge Christ Principe masculin / Magie de la transmutation

Le nom de la Divine Mère en magie est « Aset », (prononcez « Ast »). C'est le plus vieux nom de la Divine Mère et le plus puissant aussi. C'est l'axiome féminin, l'amour au niveau vibratoire ; cette vibration, très fine, est communément rattachée au plan subtil.

Le nom « Christ » renvoie à une fonction, celle du prophète « oint par le Seigneur ». C'est l'évocation divine et ses subtiles vibrations cosmiques.

Dans la pratique, vous avez deux possibilités.

1. La première est d'offrir. L'offrande s'effectue en **lune montante** (quatorze jours). Aussi reportez-vous à un calendrier pour

connaître avec précision les indications nécessaires sur les mouvements de la lune.

1. La seconde consiste à recevoir. Allumez les bougies se rapportant à vos souhaits pendant la **lune descendante.** Vos offrandes peuvent s'effectuer simultanément ou séparément à Dieu, à la Divine Mère et au Christ (soit au total trois bougies). Mais n'oubliez surtout pas qu'en lune montante, vous offrez, en lune descendante, vous recevez (**souhaits formulés pour une réalisation dans l'année en cours**).

Tout d'abord, pour que vos bougies aient une valeur d'offrande, il faut impérativement les charger. C'est-à-dire que certaines règles sont à respecter fidèlement. Pour ce faire, prenez une bougie dans

votre main gauche et avec votre main droite, joignez le pouce à l'annulaire et à l'auriculaire, comme indiqué sur la figure 1.

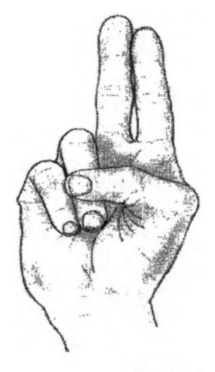

Figure 1.

Humectez avec votre salive vos doigts (main gauche) et en partant du pied de la bougie, remontez

votre main vers la mèche (figure 2).

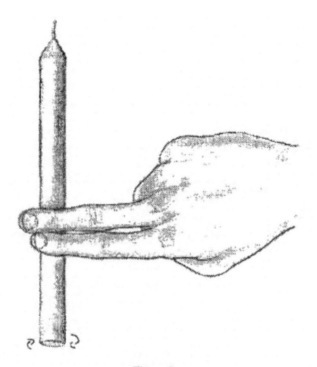

Figure 2.

Tout en la faisant tourner très lentement avec votre main gauche, vous arrivez à la mèche et vous coupez votre geste en sortant les doigts vers l'extérieur, de la façon suivante (voir figure 3).

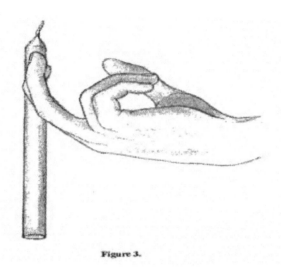

Figure 3.

A la fin, placez votre main au pied de la bougie. Il faut recommencer cette expérience trois à quatre fois, en n'oubliant jamais d'humecter vos doigts avec votre salive ainsi d'assurer la rotation complète de la bougie, toujours avec votre main gauche ; et ce durant **l'ascension de la lune**, bien évidement.

Pour que vos souhaits se réalisent dans le délai d'un an, il convient de la même manière, et selon le rituel énoncé, de charger vos bougies, mais cette fois-ci **pendant le déclin de la lune**. La gestuelle par contre est inversée : il faut en effet partir de la tête de la bougie pour finalement accéder au pied.

Notez-le : si vous avez pris le temps nécessaire de pratiquer les exercices de vision des auras, vous pourrez constater à l'expérience que charger une bougie change son aura, mais aussi sa façon de se consumer.

Enfin, il est utile de préciser que l'on embrase une bougie uniquement avec des allumettes ou un tison enflammé dans l'âtre d'une cheminée. De plus, on n'éteint jamais une bougie quand elle est destinée à une offrande ou à la réalisation d'un vœu ponctuel. Cependant, si par nécessité vous deviez interrompre votre démarche, ne soufflez jamais sur une bougie pour l'éteindre, car le souffle dégage les énergies négatives du corps humain. La seule manière de procéder alors est de l'éteindre par un mouvement de la paume de la main à dix centimètres de la flamme, ou de l'étouffer avec un ustensile spécial dénommé

« queue de rat ». C'est ainsi, et seulement ainsi, que ne sera pas modifiée la charge de votre bougie.

En outre, et si je peux me permettre de vous donner un conseil, il conviendrait, afin de faciliter vos exercices que vous édifiez un autel (avec une table basse par exemple, ou un meuble de faible hauteur) recouvert d'un tissu blanc ou d'un miroir sur lequel seront posées vos bougies avec à leurs côtés un encensoir. Au mur seront affichées la représentation de la Divine Mère (Marie ou toute autre sainte Vierge selon votre religion) et en dessous, celle du prophète de votre choix (Jésus, Mahomet, Bouddha

...) - Voir figure 4, page suivante.

En cas d'absence de représentation symbolisant votre croyance, palliez cette absence avec l'objet le plus représentatif de vos convictions. Par ailleurs, la disposition de l'autel ne peut être le fait du hasard : il doit impérativement être dirigé plein nord, car les énergies positives proviennent toutes du nord. Je profite d'ailleurs de cette remarque pour conseiller à tous ceux qui souffrent d'insomnies, de cauchemars, et autres perturbations nocturnes, d'orienter leur lit dans cette direction. Il est presque certain alors que si vous êtes victimes de ces troubles du sommeil, vous ferez de meilleures nuits, qui vous aideront à mieux affronter les vicissitudes de la vie.

Figure 4.

Pour en revenir à notre exercice, il est à noter que les encens utilisés au cours des offrandes sont des encens naturels brûlés sur des charbons ardents. On trouve les uns et les autres, à peu de frais, dans les

magasins spécialisés en produits ésotériques, ou bien encore
auprès de mon éditeur, qui s'est engagé à les fournir à ceux
qui en feront la demande. Il suit pour cela de lui écrire à
l'adresse indiquée sr la page de garde.

Je vous conseille d'utiliser, pour vos offrandes comme pour
vos requêtes :
- De la myrrhe si vous les adressez à Dieu.
- De la rose si vous les adressez à la Divine Mère.
- De la lavande si vous les adressez au Christ.

Dans tous les cas, ajoutez à vos fumigations un peu d'encens
pontifical afin de purifier les lieux... et vos intentions.

Amour, santé, travail

Tels seront les sujets dont je vais maintenant traiter. Ils
préoccupent depuis la nuit des temps tous peuples de
l'Univers.

Mais permettez-moi tout de même auparavant de vous faire
remarquer qu'en très peu de lignes, vous venez déjà de
prendre possession facilement de notions que des auteurs,
pourtant réputés, ont eu le plus grand mal à vous expliquer
tout au long de plusieurs ouvrages.

Un conseil qui a son importance : stoppez ici votre lecture, quelque soit votre impatience légitime,

si vous ne maîtrisez pas encore la vision des auras ou si votre autel n'est pas édifié. Vous ne vous livrez pas à une course de vitesse ! Vous ne devez avancer que suivant votre propre rythme.

Je ne fais ici que vous livrer la vérité, sans fard et sans

« fioritures » inutiles. Le ton direct de mes propos vous choque peut-être, mais considérez attentivement ce qu'il en est par ailleurs.

Un livre consacre généralement une page à la vérité, et deux cent vingt autres aux détails. Pour ma

part, je m'efforce de ne vous délirer que ce que je tiens pour la vérité. Aussi, expérimentez-la loin de toute idée reçue, de toute censure culturelle ou religieuse. Votre analyse finale ne doit intervenir que lorsque vous aurez lu entièrement ce livre, et que vous vous serez livré à ne mûre réflexion des principes exposés, à l'exécution des exercices proposés, et à la comparaison objective de ce qu'ils vous ont apporté par rapport à vos expériences précédentes.

Je reprends maintenant le cours de mon récit, interrompu un instant par ces quelques considérations. J'en reviens donc aux mantras !

Tout d'abord, il vous faut, dans un premier temps, comprendre comment ils fonctionnent. Ils tirent toute leur puissance... de vous. N'est-ce pas surprenant ?

Mais vous le comprendrez aisément lorsque vous connaîtrez mieux la division de l'esprit humain en deux parties : le conscient d'une part, le subconscient (ou l'inconscient) d'autre part.

D'études récemment menées avec toute la rigueur scientifique nécessaire, il ressort que même les

« Surdoués » de notre planète n'utiliseraient que quinze pour cent (15%) de leur potentiel cérébral, contre dix pour cent (10%) pour les individus « normaux ». En clair, cela veut dire que l'inconscient totalise à lui seul 85 à 90% de nos capacités.

Qu'en est-il de nos facultés, le plus souvent jugées « paranormales » ? (Alors qu'en fait, elles sont tout ce qu'il y a de plus normal).

Je vous l'affirme, la télépathie, la voyance, la télékinésie, etc. sont simplement des compétences enfouies en chacun de nous, dans les profondeurs de l'inconscient. Et elles ne sont pas les seules...

En effet y sont également enfouis :

▪ Vos expériences personnelles,

▪ Vos connaissances multiples,

- Le souvenir de vos vies antérieures, etc.

C'est d'ailleurs pour cette raison que, sous hypnose (notamment durant une régression karmique), la réminiscence de vies antérieures peut brutalement surgir.

Personnellement, je vous déconseille vivement ce genre de pratique, car si Dieu ne nous a pas doté de cette faculté, c'est que le genre humain n'est pas prêt à l'assumer. Si de telles réminiscences doivent se faire jour, il faut que ce soit de la manière la plus naturelle et spontanée possible, et non pas sous la férule d'un hypnothérapeute, aussi dévoué et compétent soit-il.

Cette mise en garde ne doit cependant pas vous faire oublier l'importance considérable que revêt l'inconscient.

Compte tenu de son rôle essentiel, il est impératif de le maîtriser, et plus particulièrement de maîtriser son fonctionnement. C'est, je vous rassure tout de suite, d'une extrême simplicité, puisque ça se résume à cette seule et unique phrase :

« *Tout ce que la conscience tient pour vrai est enregistré comme par le subconscient, qui mobilise alors une énergie vouée toute entière à la réalisation de cette vérité postulée* ».

Toutefois, il reste maintenant à programmer votre subconscient ! Pour ce faire, il existe une technique très simple. Il suffit en effet d'utiliser des termes sans contradiction, et toujours, au mode indicatif présent, qui témoigne d'une foi sans faille dans la vérité de ce que vous affirmez.

Je vous donne un exemple simple pour illustrer cette théorie. Vous êtes malade et souhaitez guérir

bien évidemment très vite. Pour ce faire, vous n'avez qu'à répéter la maxime suivante cinq minutes avant de vous endormir ainsi que cinq minutes au réveil :

« *SANTÉ PARFAITE, JOIE DE VIVRE* », et ce

jusqu'à votre complète guérison. Pourquoi cinq minutes au réveil et au coucher, vous demandez- vous ? Tout simplement parce que l'inconscient

« travaille » en grande partie la nuit. En effet, les dernières informations qu'il a stockées avant de

« prendre la main », et celles enregistrées dès l'ouverture des yeux (au moment où il abandonne une partie des prérogatives qu'il exerce au cerveau conscient) resteront inscrites tout au long de la journée.

Voici les formules à appliquer aux domaines de votre vie que vous souhaitez privilégier et améliorer :

● domaine professionnel : « **TRAVAIL - RÉUSSITE** »

● domaine sentimental : « **AMOUR - HARMONIE** »

● domaine financier : « **RICHESSE - SUCCÈS** ».

Évitez de vous imposer des limites dans le temps ou de nourrir des idées préconçues relatives à la manière dont vous obtiendrez satisfaction.

Les mantras, quant à eux, opèrent selon le même principe que ces formules, mais ils se révèlent mille fois plus puissants. Pourquoi ? Tout simplement parce que ce sont **des mots magiques uniques** élaborés suivant un procédé complexe. Pour mieux le comprendre, il vous faut impérativement savoir que chaque lettre correspond à un chiffre, lequel correspond lui-même à une couleur, qui renvoie à son tour à une planète. Ainsi, tout est correspondance. Par exemple, un jour précis de la semaine est en relation avec ne force déterminée et un domaine particulier de l'esprit. Nous allons nous attarder quelque peu sur cette dernière considération.

S'il existe deux grands principes spirituels (le conscient et l'inconscient), concrètement, le cerveau est divisé en sept parties qui correspondent elles- mêmes à sept sons différents. Les mots « magiques » prennent en compte tous ces paramètres, ainsi que les trois principes énergétiques (cosmique, subtil, divin).

Pour illustrer mon propos, attardons-nous sur le mantra « **ASET DIVINE MÈRE** ».

« **Aset** » se compose de quatre lettres, tout comme le mot « Dieu ». Cette signature numérique traduit une réalité cosmique. Ce que renforce le fait (que des recherches personnelles vous confirmeront aisément), que leur somme kabbalistique est égale à celle du mot

« Christ ».

1 « Christ » désigne le fils né de l'union du principe créateur et de la Divine Mère. « Christ » représente ésotériquement la fonction que cette ascendance lui a dévolue, et ne se réfère à aucune religion précise, puisqu'il est l'apanage essentiel de toutes sans distinction (peu importe que vous l'appeliez Jésus, Mahomet, Bouddha). Transmettre la vérité - tel est mon propos dans ce livre - n'a rien à voir avec

un prêche destiné à convertir des adeptes.

« **Aset Divine Mère** » est ce qu'on appelle un mantra- clé. À cette clé s'ajoutent d'autres mantras, en fonction du résultat désiré. Un mantra ne fonctionne par conséquent qu'avec sa clé. Il existe donc plusieurs clés ! Mais rassurez-vous, je vais toutes vous les donner.

La toute première que je vous offre est la clé qui ouvre la porte du royaume de l'amour. Vous avez constaté comme moi que le principal fléau de notre siècle est justement le manque d'amour, tant sur le plan personnel qu'universel. D'ailleurs, dans tous les livres qui traitent de spiritualité, on vous parle généralement d'amour et de sagesse, l'amour universel étant la clé de la sagesse. Cette théorie est basée essentiellement sur l'amour de tous sans distinction, sans privilégier quiconque. Mais la réalité est beaucoup plus prosaïque que cette noble intention d'aimer le genre humain dans son ensemble. Car, on ne peut donner que ce qu'on possède. Aussi, la première personne à aimer, c'est vous-même ! Et ce n'est pas facile. Pour vous aimer à votre juste valeur, il vous faut tout d'abord comprendre que vous êtes composé de deux entités : l'esprit et le corps.

L'esprit est le roi et le corps votre royaume. Votre A.D.N., vos cellules, vos organes sont en fait vos fidèles sujets. Aussi, lorsque vous êtes malade, divers symptômes, tels que des boutons, des cernes, etc. apparaissent sur votre cops. Ce n'est pas une punition qui vous est infligée et qui ébranle votre royauté ; simplement un avertissement, un cri d'alerte et de révolte de vos cellules. Car elles estiment que vous gérez mal votre enveloppe charnelle, pour différentes raisons, (une mauvaise alimentation, un abus d'alcool, de nicotine). Afin de rétablir l'ordre dans votre empire, mettez-vous à l'écoute de ces messages. Arrêtez ce qui nuit à votre équilibre, changez ce qu'il faut pour que votre corps redevienne sain. Cependant, vous devez impérativement faire savoir que cet engagement va être respecté. Lorsqu'un peuple sait qu'il est

« aimé », il fait tout ce qui lui est possible pour préserver sa monarchie.

En conséquence, au travail !

Allongez-vous sur votre lit, les deux bras le long du corps, la paume des mains dirigée vers le ciel, les jambes perpendiculaires et prononcez à voix haute :

« ASET DIVINE MÈRE, ASET DIVINE MÈRE, ASET DIVINE MÈRE,

EN TON NOM ; J'ENVOIE UNE IMMENSE VIBRATION D'AMOUR À MON ADN, À TOUTES MES CELLULES, À TOUS MES ORGANES.

JE RECONNAIS VOS MÉRITES, JE VOUS AIME. JE VOUS AIME.

VOUS ET MOI SOMMES LE CORPS ET L'ESPRIT, NOUS SOMMES L'UNITÉ »

Le plus facile pour utiliser un mantra, c'est encore de l'apprendre par cœur. Mettez de la vie dans vos paroles et surtout, prenez votre temps.

Réciter n'est pas une course de vitesse, il faut avant toute chose être sincère, et que tout provienne

du cœur. Mettez de l'émotion dans chaque mot prononcé.

Surtout, ne cherchez pas à modifier ces mots. Comme je vous l'ai expliqué, les mantras sont calculés au millimètre près pour provoquer la réaction souhaitée. Celui que je viens de vous donner est destiné à réactiver le corps et à l'harmoniser.

Pratiquez-le cinq minutes par jour et, en quelques journées, vous aurez retrouvé un équilibre parfait. Surtout il est impératif d'avoir à l'esprit, lors de l'utilisation d'un mantra, que vous n'êtes à ce moment- là qu'un canal. Au même titre qu'une antenne sur un toit. Elle reçoit des vibrations (ou ondes hertziennes) qu'elle transmet ensuite à votre télévision. De la même façon, le mantra génère chez vous des énergies issues du plan divin que vous retransmettez à leur destinataire et, dans le cadre de cet exemple, celui-ci est le corps.

La leçon à retenir, c'est que ce ne sont pas vos propres pouvoirs, mais ceux de Dieu qui passent à travers vous. Contrairement à un personnage qui se prend pour un super héros (vous l'avez deviné, il s'agit de

« superman ») et qui, pour se distinguer du commun des mortels, s'affuble d'un caleçon moulant bleu métal et d'une cape rouge, vous n'avez pas besoin de vous distinguer par des tenues extravagantes pour parvenir à vos fins, et contribuer, ensuite, au bien-être de l'humanité. Il vous suffit, en restant

vous-même, de donner simplement à l'énergie divine la permission de vous investir.

Encore une fois, le but à atteindre est l'illumination et non l'hallucination.

Aussi gardez bien vos deux pieds sur terre, même si vous projetez votre tête dans les nuages.

Le second mantra que je vous livre maintenant est le plus connu de tous, car toutes les religions l'ont transmis.

Chaque humain quel qu'il soit l'a pratiqué, l'a lu ou en a entendu parler. Et pourtant, personne ou presque n'y a recours.

Quel est-il ? Tout simplement :

« Buvez mon sang, mangez ma chair ».

Tous les prophètes l'ont prononcé. Il est très aisé à utiliser. À chaque fois que vous vous restaurez ou que vous buvez, dites :

« Je bois le sang du Christ, je mange la chair du Christ ».

Ce mantra est purificateur. Aussi, si vous le pratiquez pendant deux à trois jours successifs, vous vous apercevrez que le goût des boissons et des aliments ont changé, ainsi que votre appétit. Pour les personnes qui souffrent d'un excès de poids, l'appétit diminue.

Par contre, le phénomène inverse est constaté chez les sujets souffrant d'anorexie. En effet, ceux-ci retrouvent généralement et progressivement le désir de se nourrir.

En fait, ce mantra utilisé de manière constante détermine l'appétit en fonction des besoins de chacun, tant physiques que psychiques.

Mais ce mantra va beaucoup plus loin encore.

En effet, à partir du troisième jour, vous vous apercevrez que vos urines et vos selles sont beaucoup plus foncées et odorantes. C'est tout à fit normal. Et je vous l'assure, vous n'êtes pas malade. Ce sont simplement les toxines des aliments et des boissons qui ne se fixent plus dans votre organisme. Et elles s'évadent bien évidemment par les voies naturelles, ce qui explique le changement de couleur et d'odeur de vos déjections.

Chez les personnes obèses (ou un peu enveloppées), l'utilisation répétée de ce mantra entraîne effectivement une perte de poids.

Généralement, en moins de onze mois, ces personnes ont retrouvé la silhouette « idéale » en fonction de leur taille et de leur métabolisme.

Vous allez me dire : pourquoi onze mois ? Tout simplement parce que c'est le temps nécessaire à la régénération des cellules et des organes.

Globalement, tous les onze mois, nous avons un corps tout neuf. Cependant, en cas de surcharge pondérale très importante, comptez un à deux cycles complets de onze mois.

Par ailleurs, à chaque utilisation de ce mantra, il est indispensable de savoir que votre âme est rachetée. Et une âme pure vaut tout l'or du monde !

Je suis sûr que maintenant vous vous êtes rendu compte que je ne perds pas mon temps dans des palabres inutiles. Car, en nourrissant votre intellect, je ne ferai que bloquer votre évolution.

Même si vous lisiez tous les livres de la planète, toutes les informations connues à ce jour ne changeraient pas votre esprit, car lors de votre décès votre cerveau, ainsi d'ailleurs que votre corps, seront enterrés ; et au stade de la putréfaction, le fait d'avoir été un intellectuel ne produira pas un meilleur engrais pour la terre.

Ainsi, ce qui m'importe, c'est que vous développiez votre Esprit, car lui seul survivra.

Cet Esprit se nourrit principalement de Lumière et d'amour, ainsi que de vos émotions propres (les émotions sont d'ailleurs la seule réalité tangible que l'on puisse emporter de l'autre côté).

Je sais que votre intellect (votre « ego », comme disent les livres « spirituels »), a besoin d'un minimum d'informations. C'est pour cela qu'il est essentiel de vivre tout ce que je vous donne au fur et à mesure de cet ouvrage sans dresser des barrières mentales d'essence religieuse ou sociale. Vous aurez tout le temps d'analyser plus tard ce que vous vivez actuellement !

Je vais illustrer mes propos par cet exemple : la plupart d'entre-vous utilise l'électricité depuis leur plus jeune âge, mais ne prend conscience de la façon dont elle est produite qu'au cours de l'adolescence, ou pour certains à l'âge adulte.

Faites de même avec votre conscience, votre entendement. Elargissez-le en pratiquant d'une façon objective et sincère mes exercices, sans chercher à comprendre : la compréhension viendra plus tard. Mettez de côté tous les concepts sociaux, culturels et religieux que l'on s'est acharné à vous inculquer depuis votre enfance.

De gré ou de force, ces concepts génèrent des barrières mentales qui freinent, je puis vous l'assurer, l'évolution de votre vie. En les faisant taire l'un après l'autre, vous élargirez votre entendement

et plus il sera large, plus votre évolution sera certaine sur tous les plans simultanément (affectif, professionnel, financier, spirituel...).

Sans les limites que vous imposent ces croyances qui vous sont extérieures, vous pouvez tout faire !

Pensez à votre vie et croyez-moi, il est temps de la vivre pour vous et non à travers le regard des autres, ou dans les limites qu'on vous a inculquées. Les seules lois à respecter sont celles de l'Etat. Non qu'elles soient forcément justes, mais leur respect conditionne tout de même la cohésion sociale... et évite les problèmes juridiques.

Pour le reste, soyez positif, constructif et foncez !

Maintenant, je vais aborder le rêve humain qui a fait et fera encore couler beaucoup d'encre.

Divers témoignages de personnes ayant vécu la malheureuse expérience du coma sont à l'origine de livres plus ou moins « sensationnels », qui suscitent beaucoup d'interrogations sur la fameuse

« lumière blanche » perçue à l'orée de leur mort clinique. Beaucoup d'hypothèses ont été avancées, aucune certitude, aucune réponse certaine n'ont été donnée sur l'origine de cette lumière. Et tout d'abord, existe-telle ?

Et bien oui, elle existe. Et vous allez pouvoir en faire l'expérience. Pas de panique ! Il ne faut en aucun cas attendre l'imminence du décès pour la contempler.

Cette lumière blanche intense que perçoivent les agonisants au seuil du grand voyage est en fait la lumière émanée de Dieu. Celle dont nous parlent les Saintes Ecritures.

Il est d'ailleurs dit : « ... que la lumière soit et la lumière fut... ».

Le mantra qui provoque l'apparition de cette lumière peut être pratiqué debout, assis, couché, dans n'importe quel endroit.

Cependant, un lieu saint est vivement conseillé pour certaines utilisations précises de cette lumière,

d'où la nécessité de construire votre autel.

Ce mantra doit être énoncé à voix haute au début. Avec l'habitude, vous pourrez le prononcer mentalement. Sa teneur est la suivante :

« Je reçois la Lumière de Dieu, Je ressens la Lumière de Dieu,

Je transmets la Lumière de Dieu ».

Chaque phrase doit être prononcée une ou trois fois au début. Je vous recommande vivement les trois fois.

« Je reçois la Lumière de Dieu… »

Lorsque vous le prononcez, élevez vos mains à plat dans la direction du ciel (cf. figure 5).

« Je ressens la Lumière de Dieu… »

Pour cette seconde locution, placez vos deux mains face à face et cherchez à présent à ressentir le volume qui se situe entre elles en faisant des mouvements légers et souples, plus ou moins larges, de rapprochement, puis d'éloignement.

Reprenez cette pratique autant qu'il le faudra jusqu'à parvenir à la sensation décrite (cf. figure 6).

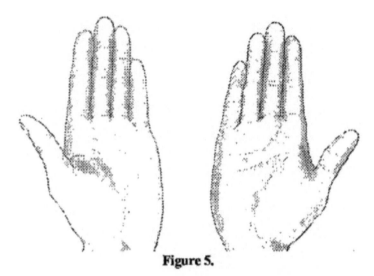

Figure 5.

Vous vous apercevez maintenant que plus vous écartez les mains l'une de l'autre, plus le volume augmente. N'oubliez pas de mettre de la vie dans vos gestes, c'est primordial ! Et plus vous serez naturel, meilleures seront vos sensations.

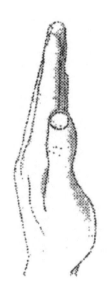 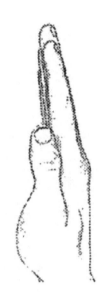

Figure 6.

N'hésitez pas à élargir le volume jusqu'à écarter largement vos bras. En effet, plus le volume sera grand, plus vos sensations seront fortes.

Pour ceux d'entre vous qui rencontreraient de petites difficultés à ressentir, je vous rassure : avec un peu de pratique, vous arriverez aux résultats escomptés.

« Je transmets la Lumière de Dieu ».

En proférant ce troisième terme du mantra, disposez vos mains comme indiqué sur la figure 7.

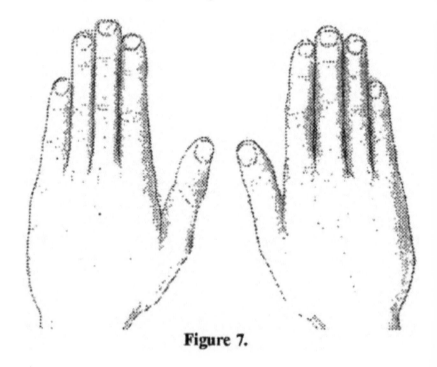

Figure 7.

Vous pouvez, mieux, vous devez transmettre la lumière à une personne, à un groupe d'individus ou même à l'Univers tout entier. Ne limitez votre ambition ni dans le temps, ni dans l'espace : c'est la lumière de Dieu, elle peut aller partout, dans une multitude d'endroits simultanés, dans ne profusion de dimensions temporelles dont vous n'avez même pas idée.

Aussi, et dès l'instant où le destinataire de cette lumière aura été choisi, vous devrez le désigner. Par exemple, si vous souhaitez transmettre la lumière de Dieu à votre mari, vous direz tout d'abord :

« Je transmets la Lumière de Dieu à mon époux ».

Il vous faut alors impérativement achever ce mantra de la façon suivante :

« Si Dieu le veut et si son karma le permet, il(elle) est guéri(e) ».

Quelle est donc la véritable raison d'être de cette dernière phrase ? Il est nécessaire de se poser cette question. La réponse en effet vous permettra de respecter les lois spirituelles.

« **Si Dieu le veut...** » : il est tout à fait normal de lui demander sa permission, car en l'occurrence, c'est sa lumière que vous allez transmettre. Toutefois, je vous rassure, il le veut.

« **Et si son karma le permet...** » : bien sûr, si le karma ne le permet pas, vous ne pouvez aller à son encontre. Vous ne seriez donc être tenu(e) pour responsable des suites plus ou moins probantes de cette transmission du mantra.

En effet, ce sont les juges du karma qui décideront de la quantité de lumière nécessaire. Contrairement aux idées préconçues, ils sont, si je puis m'exprimer ainsi, très

« Sympathiques ». Ils donnent souvent plus que mérité.

« **Il est guéri...** » : tout simplement parce que, en transmettant la lumière de Dieu, vous soignez l'esprit, le corps et le mental.

Afin d'être sûr de votre non implication, il est préférable d'utiliser un « détour » : passez donc par

« Aset ». Aussi dites simplement :

« **Aset, Divine Mère**, (trois fois), **en ton nom** » et vous capterez la lumière, tel que je vous

l'ai enseigné.

En utilisant cette technique, vous ne ferez rien en votre propre nom et vous éviterez ainsi tout risque d'implication personnelle.

Ain qu'il n'y ait aucune confusion, je vous communique de nouveau le mantra dans son intégralité :

« **Aset, Divine Mère**, (trois fois), **en ton nom**

Je reçois la Lumière de Dieu, (une fois ou trois fois) **Je ressens la Lumière de Dieu,** (captez le volume) **Je transmets la Lumière de Dieu,** (précisez à qui ou à quoi)

Si Dieu le veut et si son karma le permet, Il est guéri ».

Je tiens par ailleurs à vous préciser que la lumière de Dieu n'est pas du magnétisme. Et je vous le démontre de suite ! Demandez à ne personne de votre entourage immédiat d'orienter les deux paumes de ses mains vers le ciel, captez la lumière de Dieu et transmettez- lui cette lumière en posant vos deux mains au-dessus des siennes, à dix centimètres à peu près. La personne ainsi ressentira ce que vous lui transmettrez suivant trois scénarios possibles : chaleur, picotement et froid.

Quand:

• *La chaleur est ressentie* : la personne est « Polluée », n'en déduisez pas pour autant qu'elle est perdue.

• *Les picotements sont perçus* : pas d'indication précise.

• *Le froid est éprouvé* comme un courant d'air qui passe de 1'émetteur au récepteur par le biais des mains : c'est un signe de pureté.

Ces différentes sensations vous permettront ainsi de diagnostiquer l'état de votre sujet, mais elles se révèlent également essentielles pour mieux apprécier votre évolution.

Au début, la sensation éprouvée est dans presque tous les cas la chaleur ; mais, après un certain laps d'invocation quotidienne, vous ressentirez un courant d'air froid à l'intérieur de votre cops qui témoignera de votre pureté grandissante (je vais vous indiquer par la suite le moyen de recouvrer rapidement cette pureté).

Revenons à notre expérience, et délivrons enfin la preuve que vous attendez. Demandez maintenant à la personne de sortir de la pièce dans laquelle vous vous trouvez et fermez la porte. Elle doit à l'extérieur, comme au début de l'exercice, se mettre en position de « ressenti ». Transmettez la lumière de Dieu.

Automatiquement, elle va la percevoir.

Vous pouvez si vous le souhaitez compliquer l'exercice en sollicitant cette personne pour qu'elle se dirige vers un autre lieu et qu'elle vous prévienne de son arrivée. Ensuite, et comme d'habitude,

Elle devra se mettre en position de ressenti. Émettez alors la lumière de Dieu et instantanément, elle vous confirmera qu'elle éprouve cette dernière.

De fait, ces expériences qu'il vous sera facile de réaliser démontrent que la lumière de Dieu n'a aucune parenté avec le magnétisme. Ce dernier, en effet, voit la portée maximale de son influence limitée à quelques mètres.

De plus, la lumière de Dieu traverse le bois, comme le métal... Rien ne peut l'arrêter ; ni les obstacles, ni la distance qui vous sépare de votre récepteur.

La lumière de Dieu présente un aspect quantitatif : si vous la transmettez à un seul individu, votre sensation sera moindre que lors d'une transmission à dix personnes, par exemple. Ce qui ne change strictement rien à la qualité de l'émission de lumière

; seul, votre sensation est modifiée. Et c'est parfaitement logique : l'émission à destination d'un groupe suppose une plus grande quantité de lumière que pour une seule personne.

L'évaluation de la quantité exacte de lumière nécessaire est automatique, et vous n'avez pas à vous en préoccuper : en l'occurrence, vous êtes seulement un canal, Dieu se charge du reste.

Pour que vous compreniez mieux comment se déroule ce processus, je vous révèle un autre mantra qui vous permettra de vivre pleinement tout ce que je viens de vous expliquer.

La première fois, pratiquez-le couché, les deux pieds parallèles et non croisés, les paumes de mains orientées vers le ciel.

Captez maintenant la lumière en procédant à l'énonciation du précédent mantra, que vous ferez suivre de celui-ci :

« Je transmets la Lumière de Dieu à tous les minéraux, tous les végétaux, tous les animaux, tous les humains, aux quatre éléments : la Terre l'Air, l'Eau, le Feu, à tous mes frères de lumière. Si Dieu le veut et si leur karma le permet, ils sont guéris ».

Prenez le temps nécessaire pour réciter ce mantra et surtout, n'oubliez pas : il faut mettre de l'émotion dans vos propos.

Un conseil : vivez cette expérience durant au moins une quinzaine de minutes. C'est magnifique, n'est-ce pas ?

Alors n'hésitez pas à le faire une fois par semaine.
Vous vous harmoniserez ainsi avec
toutes les formes de vie qui peuplent cette planète, visibles ou pas.

Certains d'entre vous, ont toujours des difficultés à ressentir ce qu'ils font ! Si c'est votre cas, ne vous inquiétez pas, c'est normal ! En fait, il y deux explications possibles de ces difficultés.

1. Si vous exercez un travail manuel, (une profession du bâtiment par exemple), vos mains se sont abîmées et les cals éventuellement formées altèrent vos sensations. En outre, certains travaux manuels exercés trop longtemps induisent une diminution plus ou moins importante du sens du toucher. Il s'en suit quelques difficultés à percevoir la lumière de Dieu, qui, pour divine qu'elle soit, n'en est pas moins tributaire de l'acuité de vos perceptions.

1. La seconde possibilité concerne ceux d'entre vous qui ont toujours vécu dans le carcan d'une rationalité exclusive, sans se préoccuper de leur évolution spirituelle.

Il convient alors d'élever la pureté de l'esprit, dont le niveau très faible résulte d'un mode de vie trop terre à terre.

Dans les deux cas (mais ce principe est valable pour tout le monde, et même recommandé), je tiens à vous rassurer tout de suite : la situation est peut- être grave, mais elle n'est point désespérée. Car je vais maintenant vous donner les moyens d'y remédier et d'accélérer votre purification, lesquels moyens amplifieront encore les effets du contacteur universel précédemment cité (voir page 54).

Tout d'abord, munissez-vous d'une bassine, remplissez-la d'eau tiède, ajoutez dans l'eau une pincée de gros sel. Tenez-vous face à la bassine et prononcez cette phrase :

« Au nom de Dieu vivant, je bénis cette eau, amen ».

Mettez maintenant vos deux pieds dans la bassine, asseyez-vous, les mains dirigées vers le ciel et restez ainsi quelques minutes (environ dix minutes).

Il est recommandé de pratiquer cet exercice pendant sept jours de suite, particulièrement pour ceux qui sont particulièrement « infectés ».

La transmission de la lumière peut s'effectuer de diverses manières. Mais deux « techniques » de transmission se révèlent d'une particulière importance pour le chercheur de vérité que vous êtes.

La première, je vous l'ai déjà enseignée. La seconde est destinée à se graver dans le subconscient de son (ses) destinataire(s). Sa pratique est on ne peut plus simple. Captez la lumière comme je vous l'ai enseigné au moment de la transmettre, prononcez cette phrase :

« Je transmets la lumière de Dieu dans le subconscient de ... ».

Vérité

!

Vous la compléterez par le ou les noms des personnes concernées, et vous achèverez le mantra comme je vous l'ai appris précédemment.

L'intérêt de transmettre à distance dans le subconscient est simple. Cela vous assure un anonymat parfait. De plus, vous constaterez que ce mantra rend les gens positifs à votre égard, sans qu'ils puissent s'en expliquer la raison. Donnons quelques exemples pratiques de cette transmission de la lumière divine.

● Si vous rencontrez quelques problèmes bancaires, transmettez la lumière divine dans le subconscient de votre banquier, pendant trois à cinq minutes par jour, et ce sur une durée de trois journées. La quatrième journée, lors de votre entretien, vous constaterez son amabilité envers vous, ainsi que sa promptitude à vous venir en aide.

● Lors d'une entrevue d'embauche, transmettez la lumière divine dans le subconscient des décideurs, vous obtiendrez un emploi.

● Célibataires, n'hésitez plus ! Communiquez à l'homme ou à la femme de vos rêves la lumière divine. Il ou elle succombera à votre charme. Choisissez une personne qui, physiquement ou intellectuellement, vous plaît, et transmettez la lumière divine dans son subconscient pendant trois ou quatre jours. Le cinquième jour, lors d'une rencontre que vous provoquerez, cette personne sera dans tous ses états. J'en ai même vu s'évanouir.

Avec un peu d'entraînement, vous ferez en quelque sorte « de l'instantané », c'est-à-dire transmission et trois minutes plus tard « réalisation ». Cependant, notez ce détail qui a son importance : vous pouvez ainsi séduire qui vous voulez, à l'exception des personnes qui vivent déjà une relation affective. Car la lumière de Dieu ne saurait en aucun cas briser l'union sacrée du mariage, ou séparer un être très amoureux de son (sa) partenaire.

Pourquoi ces réactions sont-elles aussi impressionnantes ?

Tout simplement, parce que quand vous vous retrouvez face à la personne, son subconscient vous reconnaît. Elle sait que vous êtes celui ou celle qui lui a transmis la lumière. Dès lors, il suffit d'entamer ne conversation de manière subtile et précise pour obtenir le résultat escompté.

Une autre utilisation de la lumière divine a pour objectif votre protection et celle des personnes qui vous sont chères. Pour ce faire, une seule technique, mais mille fois plus efficace que tous les gris-gris réunis. Il vous suffit de capter la lumière et de prononcer à haute et intelligible voix

:

« Quinze coques de protection de lumière de Dieu se placent ici et maintenant en pelures d'oignons, de ma première aura à la dernière, elles restent en vigueur jusqu'au ... En cas d'agression, un million de vibrations christiques sont envoyées à l'agresseur. »

Je vous explique maintenant ce mantra. Pourquoi tout d'abord, quinze coques de protection ? Parce que c'est le nombre nécessaire pour

protéger totalement toutes vos auras.

« En pelure d'oignons » : pour comprendre cette phrase, il convient de prendre un oignon, de retirer très lentement la pelure, pour constater la structure de celle-ci en couches successives qui assurent une protection parfaite du noyau (le noyau, dans cette image, vous représente).

Vous devez ensuite déterminer une limite temporelle pour cette protection, limite qui ne doit pas excéder un an, pour la raison suivante : vos coques de protection vont assumer tout ce qui est négatif en votre lieu et place. Elles vont s'en imprégner et, au-delà d'une année, elles seront trop « polluées » pour assurer une bonne protection.

Alors je vous conseille de refaire cette démarche chaque année et éventuellement de la renforcer en cours d'année, en transmettant la lumière à vos coques de protection en un million de vibrations d'amour christique, qui feront barrage aux agressions éventuelles.

Les protections ainsi exécutées vous garantissent absolument de tout, aussi bien des énergies électronégatives qui circulent en permanence dans notre atmosphère que des pensées et formes de pensées négatives que certaines personnes peuvent nourrir éventuellement à votre égard. De même, les basses manœuvres de la sorcellerie et de toutes formes de magie noire viendront se briser sur ces barrières infranchissables.

J'en donne d'ailleurs la preuve : si dans votre entourage vous connaissez un sorcier, ou si vous avez l'occasion d'en rencontrer un, loin de le fuir, n'hésitez pas au contraire à lui donner tout ce dont il a besoin pour essayer de vous envoûter, tel : mèches de cheveux, écrits, date de naissance, etc. Mieux même, demandez-lui de tenter sur vous toute forme d'envoûtement de son choix.

Vous verrez bien que même en votre présence (ce qui pourtant lui facilite grandement la tâche), il ne pourra que s'échiner en vain. En effet, rien ne peut passer au travers de vos coques de protection, ce qui confirme qu'il n'y a pas, en l'occurrence, meilleur enseignement au monde que celui dont vous prenez connaissance maintenant.

Je vous recommande de profiter de ces protections pour accélérer votre processus de purification. Pour cela, il vous suffit d'intercaler dans le mantra :

« Elles ne laissent passer maintenant que les énergies subtiles et cosmiques du plan divin ».

Cette dernière phrase vous permettra de vous « recharger » sans avoir rien d'autre à faire.

Pour qu'il n'y ait pas confusion dans votre esprit, je vous livre de nouveau le mantra complet et dans l'ordre. Les répétitions qui truffent ce livre sont volontaires : elles ont pour but de vous faciliter l'utilisation de toutes les clefs que je vous donne par l'intermédiaire de cet ouvrage.

Attention ! vous devez toujours commencer par capter la lumière de Dieu avant de proférer le mantra.

« Quinze coques de protection de lumière de Dieu se placent ici et maintenant en pelure d'oignons, de ma première aura à la dernière, elles restent en vigueur jusqu'au ... Elles ne laissent passer maintenant que les énergies subtiles et cosmiques du plan divin. En cas d'agression, un million de vibrations christiques sont envoyées à

l'agresseur ».

Vous pouvez énoncer ce mantra une ou trois fois. Il est efficace non seulement pour vous, mais également pour toute personne dont vous souhaitez qu'elle puisse en bénéficier, quelque soit la distance spatiale qui vous en sépare. Vous n'avez pas besoin de son consentement pour agir ainsi, car protéger quelqu'un, même à son insu, ne constitue aucunement un viol de son libre arbitre.

Notez-le : Lorsque vous « posez » des coques de protection à distance, vous n'avez besoin d'aucun support matériel appartenant au sujet ainsi protégé. Il vous suffit simplement de penser fortement à lui, en prononçant le mantra modifié comme suit :

« Quinze coques de protection de lumière de Dieu se ^lacent ici et maintenant en pelure d'oignons. De sa première aura à la dernière, elles restent en vigueur jusqu'au ... Elles ne laissent passer maintenant que les énergies subtiles et cosmiques du plan divin. En cas d'agression, un million de vibrations christiques sont envoyées à

l'agresseur ».

Cette facilité d'utilisation du mantra est rendue possible uniquement parce qu'il invoque la lumière de Dieu. Elle sait où se diriger, même si vous ignorez tout de la situation géographique de la personne. Le fait de penser à celle-ci suffit pour que la lumière s'attache à l'objet de vos pensées, et que les protections se mettent en place.

Vous allez dire que je me répète, mais ce que vous venez de lire est l'un des plus beaux fleurons de cet enseignement qui, jusqu'à ce jour, s'était perpétué oralement, depuis l'aube des temps, en se transmettant de guide à guide et de maître à élève.

L'ouvrage que vous tenez en moment dans vos mains n'a à cet égard aucun précédent ! C'est du jamais vu ! Et c'est pourquoi j'ose affirmer que l'humanité toute entière était dans l'attente de sa parution, même si elle ne savait comment formuler cette attente.

Aussi, utilisez-le le plus souvent possible et profitez du miracle qui vous permet, en cette époque de troubles, de le mettre en pratique et de vivre éternellement dans la lumière et l'amour.

La magie – ce que j'appelle la magie – est la science de la vie. Contrairement aux idées reçues, la

magie n'est pas un ensemble de formules complexes que l'on pratique de temps à autre, uniquement quand on en a besoin. La Magie est au contraire un mode de vie. Être Mage, c'est donner l'apparence de faire comme tout le monde, sans ne rien faire comme tout le monde.

Ce qui précède m'amène à la suite de votre apprentissage :
je vais maintenant vous enseigner comment faire des tunnels
de lumière de Dieu, à utiliser le plus souvent possible.

Les tunnels de lumière de Dieu vous protégeront lors de
vos déplacements pédestres ou autres. De même que pour
les coques de protection, vous serez obligé de déterminer
une plage temporelle de leur validité, englobant le plus
exactement possible la durée de votre déplacement.

Par exemple, pour un trajet aérien, avec un départ le 10 à
16h et un retour le 13 à 17h, l'intervalle de validité de votre
tunnel de lumière sera inclus entre les bornes suivantes : du
9 à 15h 30 au 14 à 17h 30 et si vous partez du 10 au 13 du
mois, vous le placerez du 09 au 14 ; soit deux jours de plus,
dont un avant et un après le voyage considéré. Ceci suffit,
car faire un tunnel de lumière pour un mois, si vous vous
absentez seulement une journée, ne sert à rien.

Comme vous le constaterez, faire un tunnel de lumière de
Dieu est simple. En premier lieu, et comme d'habitude,
captez la lumière de Dieu et prononcez ensuite ce mantra :

« **Un tunnel de lumière de Dieu secret de** (précisez le lieu
de départ) **à** (précisez le lieu d'arrivée) **reste**

en vigueur de (précisez l'heure et le jour) **à** (précisez l'heure et le jour) ».

Un exemple d'une utilisation courante d'un tunnel de lumière de Dieu : lorsque vous devez faire vos courses, la veille, placez une coque de protection sur la place de stationnement de votre choix, et si vous n'aimez pas marcher, devant la porte du centre commercial. Faites maintenant un tunnel de lumiè

Ainsi, vous pourrez utiliser cette technique pour tous vos stationnements, et bien évidemment dans vos déplacements quotidiens, afin de vous protéger d'éventuels accidents de la route.

En outre, cette démarche peut être utilisée dans le cadre d'un déplacement vers une destination où vous vous rendez pour la première fois, afin d'éviter de vous perdre en route.

Un conseil : suivez vos intuitions lors de l'utilisation des tunnels de lumière de Dieu, elles vous guideront d'un bout à l'autre sans que vous n'ayez aucunement besoin de réfléchir. Et comme je

vous l'ai déjà dit, vous n'avez pas à me croire sur parole. Faites vos propres expériences, déduisez- en vous-même la preuve de ce que j'avance. « Jouez », même, avec ce que je vous enseigne.

Vous ne risquez

absolument rien. Si les mantras sont mal utilisés, il ne se passera rien !

Si, par exemple, le tunnel de lumière de Dieu a pour objet une place de stationnement non accessible, car réservée à des personnes à mobilité réduite, alors que vous n'êtes pas vous même handicapé, il ne se passera rien. Car la lumière a une conscience que vous n'avez peut-être pas forcément ! Alors, et je me répète, n'hésitez pas à pratiquer les exercices que je vous dévoile et ce le plus souvent possible. Vous ne pouvez nuire à personne. Et quand je vous dis de « jouer »,

faites-le ! « Là-haut », les anges et archanges aiment s'amuser, contrairement aux idées reçues.

Faites comme eux. Ils vous seront gré d'utiliser la lumière dans la joie plutôt que dans le sérieux d'un respect convenu. Dans toutes les religions, les anges et archanges ne sont que lumière, amour et joie de vivre. Alors « éclatez-vous » avec tout ce que Dieu vous accorde. Vous évoluerez ainsi dix fois plus vite.

Le véritable respect réside simplement dans le fait de ne pas omettre de remercier aussi souvent que possible. Mais encore une fois, soyez « cool », comme on dit aujourd'hui. Parlez-leur comme vous parleriez à un membre de votre famille.

Dites simplement, pour remercier Dieu :

« **Merci mon père de m'accorder ta lumière** ».

Car il ne faut pas oublier que dans toutes les religions, Dieu est « notre père ».

Voici deux autres formules de remerciements :

« Merci Aset divine Mère ».

« Merci mon Seigneur Christ » ou **« Merci mon frère ».**

Pourquoi ces termes « père », « frère », « mère », que l'on retrouve dans toutes les religions ? C'est que vous avez bien entendu des parents en ce monde, mais vos véritables parents, vos parents spirituels, ce sont eux.

Prenez conscience de cette différence essentielle : vos parents au plan terrestre ne sont que les géniteurs de votre corps physique, lequel n'est lui- même que le véhicule nécessaire à vos déplacements et à votre intégration dans cet environnement terrestre plus ou moins hostile !

Ce véhicule, de par sa conception, reste d'une grande fragilité et peu fiable. Ce qui ne lui permet pas de s'adapter à l'évolution de l'esprit. Voilà pourquoi la plupart de ces « véhicules physiques » sont responsables des innombrables génocides et charniers qui ont émaillé l'histoire, et apposent encore aujourd'hui une signature sanglante sur notre civilisation contemporaine qui se prétend « civilisée

». Au cours du cycle de vos réincarnations, vous avez changé de parents chaque fois que vous avez revêtu une nouvelle enveloppe corporelle, et vous vous êtes adapté à l'environnement moral, technique et géographique de votre époque et de votre lieu.

Chaque couple de ces parents terrestres, en vous éduquant, a contribué de son mieux à cette adaptation, mais sans tenir compte de la trame de votre destinée. Vos parents spirituels, quant à eux, vous suivent depuis le début des temps, à travers toutes vos vies. Même si, à vos yeux, ils sont le symbole vivant de la création de l'univers et des êtres qui le peuplent, Dieu, Aset, et Christ n'en sont pas moins les véritables membres de votre famille. Je ne doute pas qu'ils apprécient que vous les priez, mais sincèrement, comme tous les parents, ils préfèrent que vous leur parliez ! Alors, racontez-leur vos problèmes, vos joies, vos craintes, vos espérances, sans aucune retenue. Ils sont vos vrais parents, ils vous comprennent mieux que quiconque et beaucoup plus que votre fille humaine. Ils font tout ce qui est nécessaire pour vous aider à mieux vivre dans le bonheur.

Toutefois, et pour ceux d'entre vous qui ont de mauvais souvenirs de leurs éducations parentales humaines, trop sévères, emplies de haine et de mauvais traitements physiques et moraux, ne vous coupez pas, au nom de ces réminiscences douloureuses, de vos vrais parents, qui eux ne sont qu'amour et tendresse à votre égard.

Notez-le une fois de plus : il ne faut surtout pas chercher à vous rappeler vos vies antérieures, que ce soit par le biais de l'hypnose régressive ou par celui de toute autre technique. En effet, seuls les problèmes feraient alors surface. Quatre-vingt pour cent des humains ne se souviennent pas de leurs vies antérieures, c'est tout à fait normal, compte tenu du fait qu'ils ont déjà assez de difficultés comme ça à comprendre leurs vies actuelles et ses adversités.

Comment dès lors, pourraient-ils comprendre leur précédentes incarnations, et à quoi bon en rajouter ?

S'efforcer de comprendre sa propre vie suffit amplement. De plus, si Dieu a préféré vous retirer la faculté de ces souvenirs, c'est surement parce qu'ils comportent plus de souffrances que de joies. Ce siècle pour beaucoup paraît difficile à vivre, à cause du hiatus entre l'évolution technologique et la morale.

Mis c'était encore plus prononcé dans les siècles précédents, plus ignorants et plus cruels. Il n'y a pas de bon vieux temps, la nostalgie n'a pas lieu d'être, seul compte le présent, qu'il s'agit de vivre au mieux. De plus, la plupart de ces prétendues « régressions karmiques » sont peu crédibles. Les quinze pour cent qui se sont amusés à les pratiquer racontent tous la même chose. Ils étaient soit des rois ou des reines d'Égypte, des princes, des Grands Prêtres, ou bien Napoléon, au choix. Un calcul simple démontrerait que quinze pour cent de l'humanité régnait sur l'univers, et que chaque existence célèbre semble se réincarner dans le même temps dans une multitude d'individus. Si on prend pour illustrer mes propos l'exemple de Cléopâtre, on dénombre aujourd'hui au moins dix mille personnes prétendant être sa réincarnation ! Cette absurdité manifeste relève au mieux de la farce, au pire de la psychiatrie. Ou bien, de l'escroquerie pure et simple, qui alimente le commerce des fadaises.

Si vous deviez vous souvenir de vos expériences précédentes, ces souvenirs ne doivent survenir que sans effort, de façon naturelle.

Quand vous disposerez d'un entendement suffisamment large, vous admettrez et comprendrez vos erreurs et vos douleurs passées et présentes, et notamment celle qui est le fléau de ce siècle : le manque d'amour ! Pour remédier à ces problèmes, la solution réside uniquement dans l'élargissement de votre champ de conscience. La solution, c'est vous.

La fin de cette parenthèse m'offre la transition pour ce qui suit : quand vous souhaiterez arrêter la transmission de la lumière de Dieu, votre séance devra s'achever par ne vibration d'amour envers une personne ou au groupe d'individus. Vous pouvez même la dédier à toute l'humanité, car Dieu sait qu'elle en a besoin ! Comment faire ? Tout simplement et pour clore la séance, vous énoncerez la phrase suivante :

« **Aset Divine Mère** (une fois ou trois), **en ton nom, j'envoie une immense vibration d'amour à** (citez la personne ou le groupe de personnes) ».

Prenez quelques instants pour vivre ce qui se passe au travers de vous. C'est merveilleux et ce serait dommage de le rater.

Les exercices qui suivent doivent se pratiquer à deux.

Pour ce faire, faites lire ce livre à une personne qui saura en tirer profit, discutez-en ensemble, parlez de vos sensations et de vos émotions qui se dégagent de cette lecture. Ce sera l'occasion pour vous de constater ainsi que presque tout le monde vit la même chose au début. Seuls les niveaux de pureté et de conscience originels font la différence et sont cause de la rapidité ou au contraire de la lenteur d'évolution.

Vous pouvez aussi former des groupes de lumière de Dieu, mais dans ce cas précis, respectez une règle essentielle, celle de l'équilibre : votre groupe doit être composé d'autant d'hommes que de femmes.

Toutes les classes sociales ou religieuses doivent être représentées en même temps. N'oubliez jamais que ce savoir n'appartient pas à une élite de la population ou à un groupe de mystiques « privilégiés », mais à tous ceux qui sont en quête de la vérité.

Vous êtes sur le point d'acquérir la connaissance universelle, parce que vous en avez rêvé, vous avez prié et demandé l'aide de Dieu. Maintenant que vous en disposez, ne vous sentez pas supérieur aux autres humains. Au contraire, utilisez vos nouvelles facultés pour venir en aide à vos prochains.

Pour cela, rien de mieux que de commencer par vous aider vous-même, et notamment par améliorer votre vie matérielle, car contrairement aux idées reçues, Dieu n'a pas exigé que vous soyez pauvre, mais humble. Être humble est une attitude morale que vous devez avoir envers vos contemporains.

Rappelez-vous qu'on ne peut donner que ce que l'on possède soi-même. Lorsque vos proches constateront votre évolution professionnelle, sentimentale et financière, ils se poseront des questions et forcément vous les poseront.

Répondez- leur, guidez-les et conseillez-leur cet ouvrage.

Car en constatant autant de changements bénéfiques dans votre vie, ils ne pourront que vous croire et croire ce qui est écrit ici, à savoir que tous ces changements bénéfiques qu'ils constatent dans votre vie sont l'œuvre de Dieu.

Aussi, permettez-leur de vous rejoindre, de nous rejoindre dans la lumière de Dieu.

Plus nous serons nombreux, et mieux notre planète se portera, plus vite elle avancera vers l'équilibre, la paix, l'amour et l'harmonie. Ce n'est pas de l'utopie, simplement un effort individuel à fournir en commun

!

Maintenant que vous êtes sur l'autoroute qui mène à Dieu, accélérez le rythme sans crainte des limitations de vitesse. Foncez !

Pour cela, je vous convie à une méthode initiatique, appelée « technique de la lumière japonaise ou ouverture du troisième œil ». Cette technique initiatique nous vient, comme son nom, l'indique du Japon. Elle est extrêmement puissante.

Afin de rendre son utilisation et son efficacité aussi simple que possible, j'en ai volontairement ôté tout le folklore qui l'entoure habituellement. Inutile d'enrober le cadeau, il se suffit à lui-même !

Avant de vous dévoiler la technique, je vais vous expliquer ce qu'est exactement le troisième œil. Au-dessus de chaque arcade sourcilière, tout être humain possède une petite pierre appelée magnétite (c'est démontré médicalement). Tout individu possède deux magnétites, mais leurs qualités varient suivant chacun, ce qui nécessitera des séances d'éveil du troisième œil plus ou moins nombreuses.

Lorsque le champ électromagnétique de ces deux magnétites se joint à celui de la glande hypophyse (AJNA), il se forme alors un triangle à dix centimètres du front. Ce triangle, c'est le troisième œil, qui perçoit les vibrations et les différents courants électrostatiques emmagasinés dans l'air.

La glande pinéale située dans le cerveau transforme ensuite les informations ainsi perçues en images (c'est là l'explication de la clairvoyance et de la médiumnité). C'est donc la liaison de ces deux magnétites et de l'hypophyse que vous allez réaliser maintenant grâce à la technique de la lumière japonaise.

Dans tous les cas de figures, cette technique détend et apaise le mental, un objectif que recherchent avidement les personnes stressées. Dans la majorité des cas, dès la troisième séance, la clairvoyance est obtenue. Pour ne minorité, soit à peu près 30% des êtres humains, il conviendra de réserver de nombreuses séances à cet entraînement pour obtenir un résultat (une dizaine environ).

Il y a deux causes aux difficultés que vous pourrez rencontrer :

1. Des magnétites trop petites libérant peu de courant magnétique.

1. le stress, les préjugés, les tabous qui sont des barrières mentales qu'il faut ôter en autant de séances que nécessaire.

Ce que je viens de vous dire est d'une extrême importance. En conséquence, ne l'oubliez pas lors de vos multiples pratiques, de même que vous garderez constamment à l'esprit les règles suivantes :

• Vous ne pouvez-vous initier vous-même à cette technique ; c'est une autre personne qui Dois vous y induire, de même que vous en ferez autant pour elle.

• La séance doit durer au minimum sept minutes et au maximum dix minutes, pour ménager les glandes hypophyse et pinéale qui sont abondamment sollicitées.

• Pour chaque individu, pas plus d'une séance par jour.

• Pratiquez toujours assis, face à votre partenaire, suffisamment près de lui pour que vos jambes

se croisent et créent ainsi un courant magnétique qui va se propager chez votre partenaire.

Demandez-lui ensuite de joindre ses mains, légèrement dirigées vers le ciel, en posant le pouce gauche sur le pouce droit (cf. figure 8).

Figure 8.

● Demandez-lui, à haute et intelligible voix :
« Acceptes-tu de recevoir la lumière de Dieu ? »
Il faut impérativement que votre partenaire réponde :
« oui ». Sinon, rien ne peut être fait.

● Maintenant que votre partenaire a répondu, demandez-lui de fermer les yeux, captez la lumière et transmettez en plaçant l'axe de votre main à dix centimètres de son front, au niveau de sa glande hypophyse (cf. figure 9).

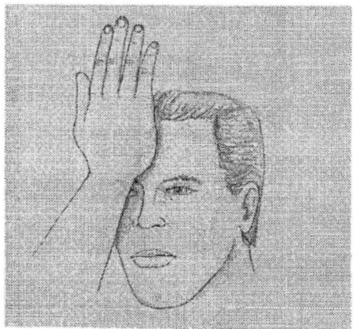

Figure 9.

• prononcez à haute et intelligible voix : « Je transmets la
lumière de Dieu directement dans la glande hypophyse. Si
Dieu le veut et si ton karma le permet, tu es guéri ».

Pendant la séance, vous pouvez changer de main. Pour cela,
placez en souplesse et sans geste brusque votre seconde main
devant celle en place. Ensuite, retirez la première d'un geste
souple et harmonieux. Enfin, la main non utilisée n'est pas
obligatoirement

dirigée vers le ciel ; vous pouvez donc la maintenir fermée pour la décontracter.

Un conseil : évitez autant que possible de changer de main plus de deux fois au cours d'une même séance. De plus, il est inutile de vous concentrer sur la personne. Bien au contraire ! Pensez à tout, sauf à elle, pour ne pas freiner l'accession de la lumière avec vos peurs et vos doutes. Enfin, pour faciliter le passage des énergies, avant la séance, demandez à la personne concernée :

- de retirer ses bijoux (montre, bagues, etc.) et ses chaussures ;

- de conserver les pieds bien à plat au sol pendant l'exercice. Ces recommandations valent aussi pour vous.

En fin de séance, pour clore, demandez à votre partenaire de reprendre conscience de son corps et d'ouvrir très lentement les yeux, tout en prononçant cette phrase :

« Si vos yeux sont collés, dites-le-moi, je vous les ouvre sans y toucher, sans effort ».

Très souvent en effet, à la fin d'une séance, les yeux restent collés. Que faire, dans ce cas ? C'est très simple.

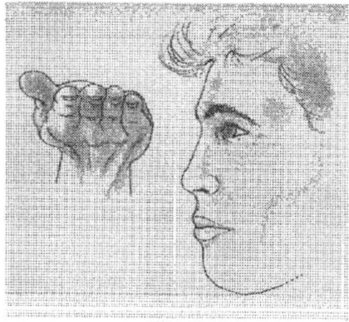

Figure 10.

Captez de nouveau la lumière et placez le tranchant de votre main, la paume dirigée vers le ciel à

dix centimètres de ses yeux. Dans un geste souple, élevez très lentement votre main. Les yeux de votre partenaire s'ouvriront alors sans effort (cf. figure 10).

Pour finir, prenez le temps, après chaque session, de vous en entretenir avec la personne concernée. Et constatez alors qu'environ quatre-vingt pour cent des sujets qui s'y prêteront auront déjà des visions d'images divines, dès cette première expérience.

Les autres ressentiront une chaleur intense, et il s'en suivra un grand sentiment de bien-être. Chaque séance ne dure certes que sept à dix minutes, mais le travail interne qu'elle met en branle se poursuit sur une durée de vingt et un jours.

Au début de cet ouvrage je vous ai parlé de l'enracinement aux quatre éléments de façon succincte. Aussi vais-je maintenant vous apprendre la méthode pour le pratiquer ou le renforcer. Un enracinement pauvre, trop court, voire inexistant, engendre une vie pauvre, tant sur le plan matériel que sur le plan spirituel !

A contrario, un enracinement profond, possédant de belles et multiples « racines » génère progressivement votre épanouissement sur tous les plans. Pour effectuer cet enracinement, priez votre partenaire de s'asseoir, les deux pieds bien à plat au sol, les mains sur les genoux, les paumes étant dirigées vers le ciel. Demandez-lui maintenant de fermer les yeux et de s'imaginer un chêne, un très grand chêne planté dans un très beau site. Proférez ensuite ce mantra :

« Aset Divine Mère, je sors de son chakra de la Racine deux grosses racines que je viens d'ancrer profondément dans une belle terre bien rouge ».

Faites le geste suivant quand vous sortez les racines : placez
vos paumes de mains vers le ciel, à

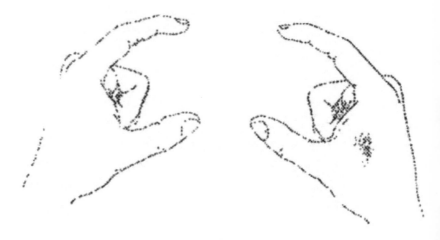

Figure 11.

pouce et l'index face à face, légèrement écartés, les autres
doigts pliés (cf. figure 11).

Vos mains amènent alors vers vous les racines. En même
temps que vous prononcez le mantra, plantez ces racines
dans le sol en abaissant vos mains à quinze ou vingt
centimètres de celui-ci. Achevez votre geste en projetant
violemment vos mains vers ce sol, de manière à ce qu'elles
s'enfoncent le plus profondément possible.

Les racines doivent être visualisées dans le même temps que
vous effectuez vos gestes et que vous prononcez le mantra.
Et surtout, mettez-y de l'émotion. Renouvelez l'exercice en
sortant deux autres racines qui seront plantées sur les côtés,
puis deux autres encore qui seront ancrées derrière et
prononcez ensuite à haute voix :

« Aset Divine Mère, en ton nom, je sors deux grosses racines gorgées de sang et de vitalité de la terre, que j'ancre profondément dans son chakra de la Racine ».

Par contre, le geste ici sera l'inverse du précédent. Vous
partirez du sol, remonterez le long des jambes de votre
partenaire pour terminer en projetant d'un geste sec les
racines dans Muladara (à peu près à dix centimètres de
celui-ci).

De nouveau, visualisez en accomplissant vos gestes et en
prononçant ces paroles. C'est primordial !

Il convient de noter que cette démarche peut s'effectuer sur
soi ou sur une personne de votre choix.

La technique qui suit est celle qui vous permettra d'obtenir
l'ouverture de vos centres énergétiques, comme le font les
plus grands yogis.

Sachez que l'ouverture des chakras telle que je vais vous l'enseigner stabilise vos énergies vitales, apaise votre mental, équilibre votre corps tout en harmonisant votre système endocrinien, et vous apporte une évolution spirituelle équivalente à vingt ou trente ans de yoga pratiqué quotidiennement.

Ainsi, elle vous permettra de vous réaliser et de pouvoir accéder rapidement à l'illumination.

Avant de vous communiquer la technique, je souhaite que vous sous remémoriez les chakras déjà étudiés (voir figure 12, page suivante).

En partant du sommet de la tête et en descendant jusqu'au niveau des régions génitales :

SAHASRARA, de couler violette, se situe au niveau du plexus coronal. C'est là que siègent le corps d'esprit divin, la lumière intérieure et l'empathie.

Il est en relation avec la glande pinéale ou épiphyse. Il gouverne la partie supérieure du cerveau, l'œil droit, la volonté (et tout particulièrement la volonté spirituelle) et l'esprit de synthèse.

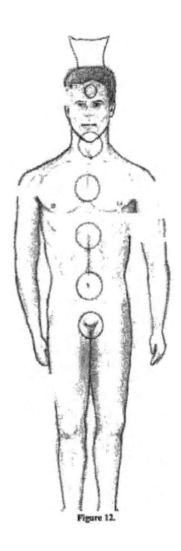

Figure 12.

AJNA, de couleur indigo, se situe au niveau du plexus frontal. C'est là que siègent le corps de vitalité, l'Esprit, et le « son intérieur » que les initiés perçoivent. Il est en relation avec la glande hypophyse ou pituitaire. Il gouverne la partie inférieure du cerveau, l'œil gauche, le système neveux, l'intuition, la clairvoyance et la télépathie.

VISHUDDHA, de couleur bleue, se situe au niveau des 5ème et 6ème vertèbres cervicales.

C'est là

que siègent le corps mental, la perception de l'élément Ether (ou quinte-essence) et le sens de l'audition. Il est en relation avec la glande thyroïde, le système respiratoire, l'œsophage, la création, le verbe et la conscience de soi.

ANAHATA, de couleur verte, se situe au niveau des 4ème et 5ème vertèbres dorsales. C'est là que siègent le corps causal, la perception de l'élément Air et le sens du toucher. Il est en relation avec le thymus, le système circulatoire, les nerfs, le centre de l'amour et de la sagesse, l'équilibre.

MANIPURA, de couleur jaune, se situe au niveau des 1re et 2me vertèbres lombaires. C'est là que siègent le corps astral, la perception de l'élément Feu et le sens de la vue. Il est en relation avec le pancréas, le foie, la vésicule biliaire, l'estomac, le système nerveux, le centre des désirs et des émotions, les facultés médiumniques.

SWADISTHANA, de couleur orange, se situe au niveau de la 5ème vertèbre lombaire et de la 1ère vertèbre sacrée. C'est là que siègent le corps éthérique, la perception de l'élément Eau et le sens du goût. Il est en relation avec les organes génitaux, l'expression de la vie physique et des pulsions animales.

MULADARA, de couleur rouge, se situe au niveau du plexus coccygien. C'est là que siègent

l'essence du cops physique, la Kundalini, la perception de l'élément Terre et le sens de l'odorat. Il est en relation avec les glandes surrénales, les reins, l'anus, le périnée, l'appareil urinaire, le principe vital et les énergies sexuelles.

Maintenant que tout cela est bien ancré en votre esprit, demandez à votre partenaire de s'asseoir face à vous, les yeux clos, et de vous faire un signe avec

son pouce lorsque son centre s'ouvrira (la sensation de l'ouverture du chakra est celle d'un petit cœur qui se met à battre à l'intérieur du corps).

Vous allez maintenant ouvrir les chakras ! Aussi, captez la lumière de Dieu, ressentez son volume, puis placez vos mains à cinq centimètres du sujet, au niveau du chakra choisi, en prononçant la phrase suivante :

« De ma main sort un flot, un fleuve de lumière

... (indiquez la couleur rouge, orange, jaune, vert, bleu, indigo, violet, en correspondance avec le chakra),

et ton centre d'énergie s'ouvre et vibre aux vibrations de la couleur... (rouge, orange, jaune, vert, bleu, indigo, violet),

d'un beau... (rouge, orange, jaune, vert, bleu, indigo, violet) **brillant** ».

Quand votre partenaire vous fera le signe du pouce convenu, vous devrez continuer à déverser le flot de lumière de Dieu, jusqu'à ce que vous ressentiez un vent frais et léger circuler entre vos mains et son chakra.

Quand le chakra est bien ouvert, changez-en.

Pour cela, il faut faire pivoter votre main, la paume vers le ciel, pour la replacer face au nouveau chakra que vous souhaitez ouvrir. Il est impératif pour passer d'un chakra à l'autre, que vous prononciez en même

temps :

« **Nous quittons les vibrations de la couleur** (citez la couleur en relation avec le chakra ouvert), **pour les vibrations de la couleur...**

(citez la couleur en relation avec le chakra que vous souhaitez ouvrir) », et ainsi de suite.

Il est impératif de respecter la correspondance couleur de la lumière / chakra travaillé, dans un souci légitime de cohérence.

Pour finir, ressentez la lumière de Dieu, placez-vous derrière votre partenaire, vos deux mains juxtaposées, pouce gauche sur le droit, à dix centimètres au-dessus de sa tête (voir figure 13) et prononcez ce mantra :

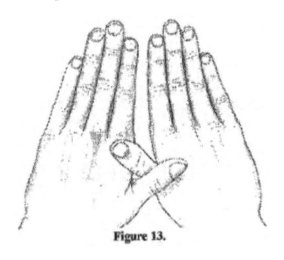

Figure 13.

« De ma main sort un flot de lumière blanche très brillante qui purifie tous tes chakras : Sahasrara,

Ajna, Vishudaha, Anahata, Manipura, Swadisthana, Muladara ».

Je vous conseille d'énumérer ces centres très lentement et de regrouper dans une même séance complète l'ouverture du troisième œil, l'enracinement, l'ouverture des chakras et leur purification.

L'ensemble nécessite environ quarante-cinq minutes, ce qui n'est pas long pour le résultat stupéfiant que vous obtiendrez.

Comme pour l'enracinement, cette expérience peut être réalisée sur vous, ou vous pouvez la faire sur un partenaire de votre choix.

N'oubliez surtout pas de considérer que les résultats obtenus vont s'amplifier durant une première période de vingt et un jours, puis au cours du temps.

Pratiquez le plus souvent possible, et vouez principalement votre travail à ceux qui en ont le plus besoin, sans distinction de sexe, de race, de croyance ou de milieu social.

Tout le monde a droit au bonheur ! Ne l'oubliez surtout pas.

N'hésitez donc pas à partager votre savoir avec ceux qui le souhaitent ou, mieux encore, proposez- le leur.

Notez-le cependant : les agnostiques seront sans doute plus surpris par les résultats de telles séances que ne le seront les personnes déjà habituées à des pratiques religieuses ou spirituelles.

L'exercice suivant pourra être réalisé seul ou à deux, que le sujet soit ou non sur place. Son but est de parfaire l'harmonisation des chakras.

Dans un premier temps, je vous conseille vivement de le pratiquer allongé, les jambes parallèles, les bras le long du cops et les paumes de mains dirigées vers le ciel. Captez maintenant la lumière divine et prononcez à voix haute :

« De mes mains sortent de torrents de lumière de couleur, en harmonie avec celle du chakra Sahasrara, qui se déversent en son centre, le purifient, le vitalisent et l'harmonisent ».

Lorsque vous transmettrez les torrents de lumière de couleur en Sahasrara, par la « loi des étages », ces torrents vont descendre à travers tous les autres chakras : Ajna, Vishudaha, Anahata, Manipura, Swadisthana, Muladara, et s'harmoniser avec eux.

Au début, cet exercice est à faire dix minutes par jour et ce pendant quelques jours consécutifs. Puis, une ou deux fois par semaine, ce qui vous assurera une progression spirituelle à la vitesse grand « V ».

Les mantras suivants vous permettront d'ouvrir les chakras des épaules, des mains et des pieds. À l'inverse des sept principaux chakras, ceux- ci ne sont pas vitaux, ni obligatoires pour accélérer votre évolution spirituelle. Toutefois, ils contribuent à l'équilibre rapide de votre enveloppe charnelle et augmentent vos sensations de manière certaine.

Commençons par les chakras des épaules. Ils sont en relation directe avec le chakra du cœur, formant avec lui un « V ». Ils correspondent au système circulatoire et aux membres supérieurs (bras).

Il est important de noter que si ces chakras sont fermés ou décalés sur l'aura, ce qui peut se produire à l'issue d'un choc violent, des conséquences de cet état de fait sont à prévoir par la suite (entre quelques mois et plusieurs années), sensations qui iront croissantes plus le temps passera : fourmillements, engourdissements de la main, etc. Le diagnostic médical correspondant à cet état est : dérèglement du canal carpien. L'ouverture des chakras des épaules permet d'éviter ce problème de façon préventive. Toutefois, si vous souffrez déjà du canal carpien, consultez votre médecin.

L'ouverture des chakras est préventive, mais la médecine soigne les effets : un organe abimé ou détruit nécessite une intervention médicale, voire chirurgicale. Il n'y a donc pas opposition, mais complémentarité entre la médecine et la pratique de l'ouverture des chakras.

Pour ouvrir les chakras des épaules, il convient de s'asseoir, les deux pieds bien à plat sur le sol, les yeux fermés et, tout en visualisant votre esprit, prononcez cette phrase :

« Aset Divine Mère, en ton nom, un torrent de lumière de couleur or, éblouissant, d'une portée absolue, se déverse sur mes chakras des épaules et va dans le chakra du cœur ».

Vivez ce flot intense de lumière qui se déverse durant quelques minutes.

Pour les chakras des mains, l'ouverture se fait l'une après l'autre. Vous devez impérativement joindre le geste à la parole.

Pour la main gauche, captez comme d'habitude, la lumière de Dieu, placez votre main droite au-dessus de la gauche, les centres des paumes face à face, à dix centimètres l'une de l'autre et prononcez cette phrase :

« De la main droite sort un flot, un fleuve de lumière blanche, très brillante, cerclée de mauve très brillant ».

Maintenez ce lot jusqu'à l'ouverture complète du chakra.

Pour la main droite : captez de nouveau la lumière de Dieu, puis placez votre main gauche au-dessus de la droite ; les centres des paumes des mains face à face, approximativement à dix centimètres l'une de l'autre et prononcez ces mots :

« De la main gauche sort un flot, un fleuve de lumière très blanche, très brillante, cerclée de rouge très brillant ».

Maintenez ce flot de lumière jusqu'à l'ouverture totale du centre sacré.

L'ouverture des chakras des mains facilite la réception et l'émission de la lumière divine au cours de

vos multiples pratiques.

Pour ouvrir les chakras des pieds, vous devez toujours être assis, les deux pieds bien à plat. Visualisez mentalement ce que vous allez maintenant énoncer :

« Aset Divine Mère, en ton nom, du centre de la Terre, un flot énergétique de lumière vert brillant, d'une pureté absolue, remonte par mon pied gauche, le long de ma jambe, du genou, de la cuisse, passe par la hanche gauche, traverse le ventre, l'autre hanche, redescend de la jambe droite et s'en va par le pied droit au centre de la Terre ».

Il convient d'inverser le procédé pour l'autre jambe, tout en conservant la même couleur. Les chakras de pieds correspondent au système circulatoire sanguin, aux membres inférieurs (jambes). Ils sont en relation directe avec le chakra de la racine, qui les vitalise.

Cette lumière verte qui brille d'une pureté absolue est appelée plus communément la lumière de la vie.

Sachez que pour toutes ces techniques, il faut pratiquer nu ou habillé dans une tenue faite entièrement de coton, le coton étant la seule matière qui laisse passer dans leur totalité les énergies subtiles et cosmiques du plan divin.

Si vous pratiquez vos exercices sur une personne, elle devra impérativement suivre cette règle. Il est à noter que même si le coton laisse passer les énergies positives, il ralentit malgré tout leur passage. Il convient impérativement de bannir de vos tenues les fibres d'origine animale : la laine, le cuir, les produits synthétiques qui ne laissent circuler que les énergies lourdes et négatives.

Puisque nous venons d'aborder le sujet des énergies nocives, je vais maintenant vous apprendre une technique très simple, mais toutefois très efficace, contre toutes les agressions d'entités négatives. Car maintenant, vous les intéressez ! Parce que vous avez un niveau de conscience et de pureté suffisant pour susciter chez elles un intérêt marqué. Elles n'aiment rien d'autre, en effet, que de tenter et de faire régresser tous ceux et toutes celles qui entreprennent de parcourir l'autoroute qui amène à la lumière de Dieu.

Comment esquiver leurs attaques ? Placez tout simplement des boules de camphre dans toutes vos pièces, au sud. À l'inverse des énergies positives qui entrent comme vous le savez, par le nord, le sud est la direction dont proviennent les négatives.

Une des particularités de ces entités négatives est qu'elles ne supportent pas le camphre.

D'ailleurs si vous constatez que les boules ainsi placées fondent, c'est que les entités sont passées par cet endroit.

Ainsi, vous pourrez aisément constater leur manifestation.

Que faire, si vous avez dressé ce constat ?

Ajoutez une ou deux boules supplémentaires et changez-les quotidiennement, jusqu'à ce que celles- ci ne se liquéfient plus. Dès lors que les sphères restent dures, c'est que vous ne faites plus l'objet de leurs assauts. Un conseil : même dans ce cas, observez quand même régulièrement vos boules de camphre, le répit n'est peut-être que provisoire. De plus, je tiens à vous préciser que si votre bille de camphre se dissout instantanément, c'est que vous avez à faire, non pas à une simple entité, mais à un grand démon.

Dans ce cas précis, et uniquement pour celui-ci, suiviez ce conseil à la lettre : fuyez ! Ne cherchez surtout pas à le combattre. À défaut, demandez de l'aide à une personne possédant un niveau spirituel très élevé, ou à un exorciste officiel de votre religion, si vous en avez une.

Je présume qu'à la suite de cette information, nombre d'entre vous se demandent ce qu'est un démon, et comment le reconnaître ?

Toutes les traditions s'accordent sur ce point : Satan (quelque soit le nom qu'il porte) est un archange déchu, dont le royaume est la terre, et plus précisément le centre de la terre, un noyau de magma en fusion, la surface de la terre étant vraisemblablement l'endroit où se situe le purgatoire. C'est d'ailleurs la raison pour laquelle vous vous êtes réincarné sur cette terre. En ce « purgatoire », il vous est donné l'opportunité de comprendre vos erreurs passées, et d'y remédier.

Revenons aux démons. Contrairement aux imageries religieuses, ce ne sont pas des créatures hideuses avec des cornes, mais simplement des formes d'énergie négative vivantes. Leur champ d'action, c'est votre mental, votre intellect, et leur but, c'est de gérer l'ensemble de vos émotions, en contrôlant tout d'abord les émotions négatives. C'est par ce biais que les démons peuvent s'insinuer en vous. Ces démons portent les noms suivants, qui définissent bien à quel type d'émotions ils s'attaquent plus particulièrement : démons du doute, démons de la peur, démons du sexe, etc. En règle générale, leur action sur le corps reste limitée et circonscrite à certaines de vos attitudes.

Mais il est des démons si puissants qu'ils peuvent prendre entièrement possession de vous, et pour un temps indéfini si vous n'y portez pas remède : tels sont, par exemple, les démons de la haine, ceux de l'intolérance ou ceux de la soif irrépressible de pouvoir. Certains même sont très difficiles à discerner, car leur malignité (ce n'est pas pour rien que l'on appelle le Diable le Malin !) est grande : c'est ainsi que le démon de l'orgueil, pour ne citer que lui, et notamment le démon de l'orgueil de la connaissance, fait croire à la personne « possédée

» qu'elle détient la science infuse, de telle sorte que cette personne se coupera de ses semblables. Ne pouvant plus être réceptive aux conseils avisés, cette victime, en proie à son illusion (car la science infuse est un leurre) ira vers sa perte aussi sûrement que les fleuves vont à la mer.

Pour combattre efficacement les démons, il n'est d'autre solution qu'une simple prise de conscience : sachez en effet qu'il est simple de résister à la tentation. Ainsi, lorsque vous vous sentez sous l'emprise du démon de la colère, faites un effort et objectez-lui votre refus, en lui transmettant la lumière de Dieu et l'amour divin. Et vous pourrez alors constater la vérité de cette sentence :

« le pire des démons, je peux le transformer en le meilleur des anges ».

En fait, les démons ne vous tentent que dans l'espoir que vous leur offriez cette chance de rédemption.

Comme vous, ils ont vécu et vivent dans la souffrance ; comme vous, ils aspirent à s'en libérer. Transmettez la lumière de Dieu aux démons, et vous les verrez alors se métamorphoser.

Maintenant, pour purifier promptement des lieux négatifs, je vais vous apprendre une technique de magie christique, encore appelée magie de transmutation. Le champ d'action de cette magie bénéfique est extrêmement vaste et puissant, puisqu'elle permet de convertir les énergies négatives d'un lieu ou d'un individu en énergies positives.

Elle peut se pratiquer sur place ou à distance, mais ne peut en aucun cas s'exercer sur soi.

Placez votre main gauche de telle manière qu'elle se trouve à l'équerre par rapport à votre poignet, la paume dirigée vers le ciel. Maintenant, les doigts de la main droite sont joints et tenus et opèrent autour de la main gauche, sept rotations complètes (cf. figure 14), conjointement à l'énonciation du mantra ci-dessous :

« Mon Seigneur Christ, une fois, Mon Seigneur Christ, deux fois, Mon Seigneur Christ, trois fois, Mon Seigneur Christ, quatre fois, Mon Seigneur Christ, cinq fois, Mon Seigneur Christ, six fois, Mon Seigneur Christ, sept fois. »

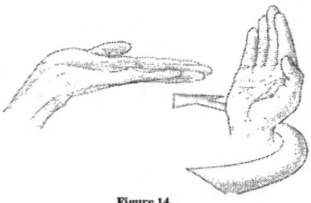

Figure 14.

Il est important que vous laissiez votre main gauche dans la position ci-dessus décrite pendant cinq minutes au minimum. Dès que vous utiliserez cette technique, vous accélérerez le processus de purification en fonction de la destination choisie, en procédant ainsi :

• Pour purifier un lieu : orientez votre main gauche vers le nord.

• Pour purifier un être vivant, humain ou animal : pratiquez à dix centimètres de lui ou sur photographie (si à distance). Si vous souhaitez rendre doux un chien très méchant (qui ne vous appartient pas forcément), je vous conseille de travailler à partir d'une photographie de l'animal, pour éviter de vous faire mordre !

Ne pratiquez pas plus de dix minutes par jour et pas plus de cinq jours consécutifs sur le même être vivant. Ainsi vous pourrez transformer des personnes fondamentalement mauvaises ou agressives en êtres doux et prévenants, ce qui ne pourra leur faire que le plus grand bien ! Mais vous pourrez également purifier toute forme de matière, qu'elle soit minérale ou végétale, à l'état solide, liquide ou gazeux.

Pour ceux qui emploient la magie rituelle ou utilisent des objets de culte dans leur pratique religieuse, utilisez cette technique pour les consacrer. Par exemple, ne baguette magique que vous aurez fabriquée de vos propres mains ne deviendra véritablement « magique » qu'à l'issue de ce « traitement ».

À ce stade de votre pratique, nombreux sont ceux d'entre vous qui ont déjà obtenu une réalisation dont ils ne rêveraient même pas.

Je suis très heureux et très fier de vous ! Vous le méritiez.

Vos cœur et esprit sont emplis de l'amour divin.

Et j'en profite pour vous signaler que lorsque vous avez procédé à l'ouverture des chakras sur certains partenaires, vous avez obtenu la réussite du premier coup, alors que d'autres vous ont demandé beaucoup plus d'efforts. La raison de cette différence ne tient pas à vous. Tout simplement, l'être qui s'est réalisé sous vos yeux dès la première fois était chargé d'amour et de sagesse préalablement à votre intervention. Dès lors, je vous recommande de contempler ce merveilleux spectacle d'un être qui se réalise. Votre tour arrive !

Mais qu'entends-je exactement, lorsque je parle de

« réalisation » ? Pour ceux qui en ignoreraient encore tout, il est important de dire ce qu'il en est, et qui est en fait le seul et unique objet de ce livre.

Dans votre chakra de la racine, il est une énergie appelée Kundalini ou feu cosmique. Cette énergie S'éveille avec l'évolution et la purification de votre corps. Quand ce dernier est suffisamment affiné, alors commence l'ascension de Kundalini vers les niveaux supérieurs. Elle passe au travers de chaque chakra, activant ainsi toutes les fonctions qui se rapportent aux centres sacrés qu'elle pénètre.

Ces énergies ainsi réveillées accompagnent l'ascension de Kundalini, jusqu'au dernier chakra, Sahasrara. Elles sont expulsées (physiquement) au- dessus du crâne par le biais de la fontanelle. Et c'est ce véritable torrent d'énergies libérées qui permet l'accès à la conscience universelle.

Mais soyons précis, l'accès à la conscience universelle, dont vous avez entendu sans doute parler à travers de nombreuses lectures, c'est quoi

? Ce n'est ni plus ni moins qu'une véritable ligne téléphonique directe avec Dieu, qui vous assure son écoute et son attention permanentes. C'est d'ailleurs ce flux jaillissant au-dessus du crâne que les représentations religieuses font figurer en forme de halo demi- circulaire illuminant les saints hommes, la baptisant : leur gloire. Pour ceux qui savent voir les auras, c'est plutôt un véritable entonnoir au-dessus de la boîte crânienne, intensément lumineux.

La réalisation d'un être (ou la montée de la divine Kundalini, ce qui revient au même) est désignée parfois par l'expression « renaissance ou l'année

zéro ». À juste titre ! C'est bien d'une « renaissance

» dont il s'agit lors de cette ascension réelle au plan divin.

Pour nombre d'entre vous, la montée de la divine Kundalini s'est arrêtée légèrement au-dessus du chakra Manipura, au niveau du plexus solaire. Tout être humain possède une cavité qui empêche le passage de la divine Kundalini. Pour que cette cavité ne fasse plus obstacle, comme un trou dans la route, il convient de la combler. L'unique solution pour ce faire est de laisser libre cours au cheminement du feu cosmique, en chargeant cette anfractuosité d'énergie d'amour divin. C'est ce qui se produit progressivement chaque fois que vous transmettez des vibrations d'amour au nom de Aset à une autre personne ou à un groupe de personnes, ainsi qu'à toute forme de vie ou de création divine existantes sur le plan terrestre, divin et cosmique. Aussi, je dissuade vivement le lecteur qui aurait l'idée de forcer le passage ou l'ascension de Kundalini par des procédés techniques inadaptés tel que l'hypnose et autres pratiques utilisant certains souffles, de concrétiser cette intention. Le résultat ne serait alors qu'une sensation de chaleur interne extrêmement intense et douloureuse qui, dans son ascension, brûlerait tout, endommageant le corps et le système endocrinien d'une façon irrémédiable.

Tout au contraire, la montée de Kundalini telle qu'elle est présentée dans ce livre est naturelle. Elle ne survient qu'à l'issue de l'ouverture des chakras de l'amour divin, qui sont dès lors prêts à l'accueillir, sans qu'il soit besoin qu'elle « force le passage ».

Ainsi, vous pourrez accéder à l'illumination et par la même à votre réalisation, sans aucun risque.

C'est dans cet esprit que j'ai conçu le sujet de méditation et la technique « d'inspiration » essentiels à votre bien être et à votre évolution qui suivent.

De quoi est-il question ? Des trois étapes de l'illumination.
Je vous demande par conséquent de prendre le temps
nécessaire pour trouver la clé cachée qui ouvre la porte
fermée. Toutefois je vais quand même vous aider.

Allongez-vous en adoptant une posture de canal de lumière
divine pour toutes les créations divines et méritez ensuite sur
le sujet suivant.

Les trois marches de l'illumination :
● j'étais dans la lumière ;
● la lumière était en moi ;
● maintenant, je suis devenu(e) la lumière.

Ne réfléchissez pas au début. Contentez-vous de répéter ces
mots. Et notez le changement de temps : j'étais, imparfait, je
suis devenu, présent de réalisation. Vous ne faites qu'accéder
à ce que vous étiez de tout temps. La réalisation n'est rien
d'autre : des retrouvailles, des « noces mystiques » avec
votre être réel.

La technique qui suit cette méditation vous permettra
d'élargir votre champ de conscience, de régulariser vos
pulsations cardiaques, de les ralentir et de régler ainsi votre
circulation. Elle fait appel à ne loi universelle fondamentale
: la loi de la résonance.

Allongez-vous, les deux jambes décroisées, bras le long du corps, paumes de mains dirigées vers le ciel. Fermez les yeux et prononcez à voix haute, trois fois, ce mantra :

« Aset Divine Mère, en ton nom,

J'aspire l'air de la nouvelle conscience cosmique ».

Ce mantra vous permettra de vous harmoniser avec l'ère de l'âge d'or, qui débutera dans cinq cents ans sur notre planète. Au même titre que l'ère présente, l'âge d'or, étant une période de l'humanité, ne saurait être synonyme de « perfection », ou de paradis sur terre.

Toutefois, l'ère de l'âge d'or, contrairement à l'ère présente, présentera une balance positive lorsqu'au ciel, l'on évaluera ses qualités et ses défauts.

Notamment, parce que l'entendement des êtres humains aura été considérablement amplifié.

Vous pouvez pratiquer « les trois étapes de l'illumination » à la suite de vos autres exercices enseignés dans cet ouvrage, ou pendant votre temps de repos et de méditation.

La clé que je vous donne maintenant est en fait un véritable « passe-partout » universel. Elle vous permettra de déchiffrer toutes les vérités contenues dans les saintes écritures (Bible, Thora, Coran) et leur utilisation immédiate, pour l'individu comme pour la collectivité. Car ces œuvres qui sont parfois la cause des guerres entres « les religions du livre » n'ont pas à l'origine été rédigées pour diviser les êtres humains, mais bien pour les réunir.

À chaque époque cruciale, un prophète est venu transmettre un message, destiné à aider l'humanité. les prophètes faisaient le plus souvent partie de la caste des « favorisés » les « lettrés », en opposition avec le peuple inculte. Mais là n'est pas le plus important, pour expliquer la dérive des religions. Il faut savoir que les prophètes n'écrivent pas : ils parlent, ils enseignent oralement. Et ils ont des disciples qui les suivent leur vie durant, jusqu'à leur mort. Ce sont ces disciples qui témoignent dans les

« lires sacrés », la Bible, le Coran, la Thora. Ces accompagnateurs ont pris conscience de leur rencontre avec un être Divin. Ensuite, ils ont narré cette rencontre, à leur manière. Et puis, au fil des temps, et pour des raisons diverses, le plus souvent pour des raisons de basse politique, ces livres saints ont été remaniés.

Mais dans ces sommes au nom desquelles on s'empoigne encore aujourd'hui, que reste-t-il des sentences réellement proférées par le prophète ? À peine une vingtaine de pages, ceci est vrai pour toutes les confessions. Ce sont uniquement ces paroles prophétiques qui sont importantes, le reste n'étant qu'interprétations et conseils humains, trop humains, sans doute, qui dénaturent la vérité divine au profit d'une morale séculaire, et parfois même sectaire. Or, vous devez vous attacher à retrouver une confiance absolue dans la transcendance de ces messages, et non dans ses ajouts, quel qu'en soient les motivations.

Pour ce faire, vous devez vous engager dans une triple démarche.

• Comprenez tout d'abord que tout est

« interprétation ». Pour ceux qui en douteraient, je vous recommande cette expérience : donnez simplement une phrase ou un texte philosophique à lire à dix personnes et demandez-leur de vous le commenter.

Vous serez alors surpris de la variété de ces commentaires, même si certaines similitudes se remarquent (ces dernières n'ayant d'autre origine que la référence commune). Et c'est tout à fait normal : les interprétations d'un texte reflètent la diversité des expériences, des rêves et des aspirations de leur auteur.

Ainsi c'est l'attachement à nos émotions passées, présentes et à venir qui orientent nos lectures, mais non pas une conscience objective apte à percevoir la vérité.

• Seconde démarche, corollaire de la précédente : comme je viens de vous le démontrer, nul ne peut faire confiance au jugement humain, en tous lieux et en toutes circonstances. Or, ce sont des humains qui ont écrit et interprété la vie du prophète dont ils ne furent - au mieux - que les compagnons.

Et ce sont ces interprétations - non la parole du prophète - qui ont ensuite servi de base aux enseignements religieux. Lesquels ne sont, dès lors, qu'une transmission de convictions humaines, où surnagent, çà et là, des bribes du message divin, le plus souvent incomprises.

• La troisième démarche intellectuelle qui découle des deux précédentes vous mène à une évidence : l'humain étant volontiers belliqueux, il trouvera dans ces interprétations matière à guerroyer, quand le message originel visait à réunir.

Ainsi, les religions divisent, et les fanatismes de toutes sortes génèrent des guerres.

Aujourd'hui comme hier.

Vous avez peut-être déjà prié selon votre religion

? Comprenez-vous maintenant pourquoi vos prières sont restées lettre morte ? Elles s'adressaient à une institution humaine, qui n'avait certes pas le pouvoir de les exaucer.

Les pratiques que je vous enseigne sont d'une toute autre nature. Ce ne sont pas des prières adressées à des institutions humaines. Ce sont des approches de la réalité, destinées à s'ouvrir à la vérité. Et c'est, à mon sens, l'intention que nourrissaient également les prophètes.

Mais dans ces textes sacrés, comment reconnaître les extraits réellement prophétiques ?

C'est très simple, ils commencent toujours par :

« En vérité, je vous le dis... ».

Aussi, n'accordez votre attention qu'à ceux-ci ! Ils vous permettront de tout faire, de régler vos problèmes, de guérir, d'évoluer spirituellement. Comment vous le permettront-ils ?

Lisez à haute voix la phrase du prophète, telle qu'elle vous est rapportée (dans la plupart des cas au conditionnel, puis au présent de l'indicatif et de façon affirmative).

Je peux vous garantir qu'avec cette pratique, vous pourrez « faire de l'instantané ». Car ce n'est pas une prière vaine. Cette pratique aboutit à une réalisation immédiate de vos désirs.

Pour faciliter votre compréhension de ce que je viens d'énoncer, je vous donne quelques exemples.

Appelez la présence christique en vous fondant sur un extrait des Évangiles - invocation à prononcer :

« En vérité, en vérité, mon Seigneur, tu as dit : quand vous serez deux ou plusieurs réunis en mon nom, je serai parmi vous.

Nous sommes (nombre de personnes), tu es parmi nous ».

Comme vous l'avez sûrement déjà compris, il faut être au moins deux (sans limite maximale) pour appeler la présence christique. Et plus vous serez nombreux, plus cette présence sera ressentie intensément.

Respectez toujours cette règle essentielle : celle de l'équilibre, soit autant d'hommes que de femmes, pour constituer le groupe qui appelle sur soi « l'oint du Seigneur ». Faites un cercle, en intercalant un homme et une femme et tenez-vous la main. Dès que vous aurez prononcé la phrase précitée, Christ sera présent au centre du cercle d'appel.

Exposez-lui alors vos demandes à voix haute. Il est toutefois évident qu'une seule personne intervient en qualité de porte-parole du groupe. Voici maintenant quelques exemples de demandes

:

« Merci, mon Seigneur Christ, de nous purifier ».

« Merci de nous transmettre les énergies nécessaires pour notre évolution ».

« Merci de réaliser un souhait pour chacun d'entre nous ».

Commencez toujours vos demandes par « merci ». En fait, vous remerciez par avance, car vous ne doutez pas, à juste titre, d'obtenir satisfaction.

Respectueusement, gardez les yeux clos pendant la séance et n'oubliez pas, en l'achevant, de remercier le Christ, par cette formule :

« Merci, mon Seigneur Christ, d'être venu parmi nous ; nous t'envoyons à notre tour une immense vibration d'amour ».

Je précise que ce cercle invocatoire peut englober des personnes de tout culte religieux.

Dieu est le même pour tous !

Lors de cette invocation, ébloui par tant de pureté, vous aurez souvent envie de pleurer. Ne retenez surtout pas vos larmes. C'est une réaction naturelle, et Dieu vous comprend. Vous aurez aussi souvent tendance à serrer les bras de vos partenaires. C'est également tout à fait normal : c'est l'amour divin qui est à l'origine de ce besoin, car il vous insuffle l'amour (sans connotation sexuelle) de votre prochain.

Voici maintenant un second exemple d'invocation christique. Il a pour thème le pardon.

« En vérité, mon Seigneur Christ, tu as dit : les péchés que vous avez remis en mon nom, seront remis. Seigneur, et en ton nom, je remets la faute de (untel) ».

Cette invocation peut être faite au profit d'une tierce personne, ou de vous-même.

Dernier exemple, la réconciliation :

« En vérité, mon Seigneur Christ, tu as dit : ce que vous lierez sur la Terre, sera lié au Ciel.

Seigneur, je lie (citez les noms) pour une plus grande relation d'amitié, en ton nom, cela est fait

».

La formule que je vous communique à présent est celle du pardon universel. Vous pourrez la réciter une fois par jour. Elle vous apportera la paix et l'harmonie, car je vous l'assure, elle est la clé de la sagesse.

« Je pardonne à tous, de tout cœur et je n'en veux à personne ».

Les apôtres ont tous été de grands visionnaires. Leurs connaissances et leurs modes de vie (dévouement, méditation, prière, etc.) ont permis à la lumière de s'exprimer pour le bien des hommes à travers eux.

Mais le prophète de notre temps n'est pas un être d'exception, c'est l'homme lui-même, c'est vous, si votre degré d'évolution permet l'épanouissement de certaines de vos cellules cérébrales. Cette compréhension vous est facilité par l'état actuel des connaissances... et par cet enseignement. Ainsi, ce qui revêtait un caractère d'exception dans le passé est donné à tous ceux qui sauront faire preuve d'un peu de bonne volonté. Vous pouvez, si vous le désirez, devenir le réceptacle de l'intelligence universelle, de la sagesse et du pouvoir de création.

Tout au début de cet ouvrage, je vous ai parlé d'une véritable autoroute. Il est temps maintenant d'aller au-delà de cette métaphore terrestre. Les deux clés que je vous livre vont vous permettre de poursuivre votre évolution hors des limites humaines.

Pour utiliser la première clé, allongez-vous, comme vous en avez pris l'habitude pour certains exercices. Prononcez ensuite à voix haute cette formule :

« Aset Divine Mère, en ton nom, merci mes frères de lumière de venir me chercher, ici et maintenant, de me faire vivre la grande aventure, la seule qui soit ».

Ce mantra vous permettra de rencontrer vos frères de lumière et de visiter le « haut astral », c'est-à- dire les plans divins. Je ne vous donnerai pas plus de détails sur l'aventure que vous allez vivre, car je n'ai pas en ma possession des mots qui puissent la décrire.

Le second mantra que je vous communique appelle vos anges gardiens, de la manière la plus simple qui soit. Mais auparavant, prenez note de ce qui suit, qui a son importance.

Lorsque vous prononcerez ce mantra, vos anges gardiens viendront automatiquement. C'est la loi. Que ce soit sur terre comme au ciel, il existe des lois.

Car « ce qui est en haut est comme ce qui est en bas ».

Les premières fois que vous appellerez vos anges gardiens, il n'est pas certain que vous pourrez les voir. Aussi, pour savoir s'ils sont bien présents, demandez leur concours : qu'ils vous transmettent notamment des vibrations, en touchant un endroit sensible de votre corps, ou même en vous tirant par les cheveux.

Quand vous sentirez leur présence, vous pourrez alors leur parler, et tout leur dire (si vous le souhaitez), mais aussi tout leur demander : une aide pour un problème précis, un projet que vous nourrissez, au plan terrestre ou au niveau spirituel. Mais quelque que soit votre requête, formulez-la toujours de façon affirmative, au présent de l'indicatif.

La raison en est que le présent vous libère un temps de l'enchaînement de vos réincarnations et de la roue du destin. Le présent pleinement vécu et affirmé est véritablement le seul et unique moyen de s'affranchir de l'espace / temps terrestre. Une seconde d'émotion vive équivaut à l'éternité.

D'ailleurs, lorsque vous rencontrerez pour la première fois vos anges gardiens, regardez votre montre avant cette rencontre, puis après. Et tirez-en vous-même les conclusions qui s'imposent, et qui justifieront, à n'en pas douter, ce que je viens d'avancer.

Pour appeler vos anges gardiens, pratiquez comme mentionné plus haut : allongez-vous, les jambes décroisées, les paumes des mains vers le ciel, les yeux clos et proférez à voix haute :

« Aset Divine Mère, en ton nom, merci mes anges gardien d'être ici et maintenant présents

».

Lorsque vous leur parlez, faites-le toujours au nom de « Aset ».

« Au nom de Aset, merci de me faire ressentir votre présence ».

Vous voyez, c'est très simple.

Mais il faut toutefois comprendre une autre chose. Quand on appelle la première fois ses anges gardiens, c'est comme lors d'une première rencontre dans cette société : votre « contact » fera ce qu'il faudra pour vous être agréable et satisfaire votre requête, sans plus.

Mais si tous les jours vous entrez en relation et vous discutez ensemble, vous deviendrez alors proches, puis les meilleurs amis du monde.

C'est pourquoi je vous recommande d'appeler vos anges gardiens dix à vingt fois par jour ; pour obtenir une aide, un soutien, ou simplement engager une discussion. C'est préférable à les invoquer une fois par semaine, avec une liste interminable de requêtes à leur soumettre.

Surtout n'omettez jamais de les remercier et de leur transmettre des vibrations d'amour. Ils adorent cela ! Vous pouvez aussi leur transmettre la lumière, c'est fort sympathique, et cela contribue à l'épanouissement rapide de liens d'amitié.

Comme vous l'avez si justement compris, dès qu'une personne devient un canal de lumière divine, au ciel s'allume un petit point blanc qui illumine un coin de terre.

Si nous sommes des dizaines, des milliers, des millions à emprunter cette voie, ce sont des régions, des pays entiers qui s'éclaireront, et le rayonnement ainsi dégagé conduira progressivement l'entendement et l'évolution de notre humanité dans la lumière et l'amour divin.

Pour clore ce volume, je vous livre un dernier mantra. À votre décès, votre esprit quitte votre corps, mais il peut « traîner » plus ou moins longtemps auprès de celui-ci, ce qui vous empêcherait de vous élever dans la lumière de Dieu, et de vous libérer d'une incarnation menée à son terme.

Pensez donc à dire, si vous sentez venue l'heure de votre mort (ou recommandez qu'on le dise sur votre dépouille)

« Aset Divine Mère, viens me chercher dans ta lumière ».

C'est immédiat, vous partirez ! Vous irez directement dans la lumière.

Ce mantra est inutile pour ceux qui auront suivi cet enseignement. Le degré d'évolution qu'ils auront obtenu est garant de leur prompte libération après leur décès. Par contre, conseillez-le à votre entourage, aux personnes que vous aimez, même si elles sont athées. Utilisez également ce mantra si un de vos proches a perdu un être cher, et qu'il ressente encore sa présence. Vous libérerez ainsi l'âme de la personne décédée en la dirigeant vers la lumière. Elle vous en sera d'autant plus reconnaissante qu'il n'est point agréable de rester bloqué dans l'astral. De plus, vous soulagerez aussi la famille concernée pourra « faire son deuil ».

Et faites-vous le porte-parole de cette évidence : il est déconseillé de pleurer un défunt, car ces pleurs l'empêchent d'accéder aux plans supérieurs. Tant de tristesse, loin de l'aider à se libérer de la tutelle de sa précédente incarnation, l'empêche d'admettre son décès.

Pour convaincre les affligés, rappelez-leur que, même si le défunt ne présentait pas un haut degré d'évolution spirituelle, la mort n'est pas une séparation définitive, mais un simple

« au-revoir ».

Que tous ceux et toutes celles qui liront ce livre soient remerciés. En faisant connaître à leur tour cet ouvrage, ils apporteront ainsi la Lumière sur toute notre planète.

Que la Lumière et l'Amour divins brillent à tout jamais dans vos cœurs.

Milton Keynes UK
Ingram Content Group UK Ltd.
UKHW010932280823
427620UK00001B/152